Giant PengTV 1st Anniversary

PENGSOO, THE ORIGINA[L]

목차

CONTENTS

오늘의 펭수

스스로 남극에서 왔음을 주장하며 신선함을 주 무기로 EBS 연습생이 되었다는
한 동물, 펭수가 알고 싶다! 제2의 고향 한국에서 우주대스타의 꿈을 이뤄가고 있는
그의 정체 그리고 지난 1년간의 활약상을 샅샅이 파보았다.

펭수
PENGSOO

나이	**10살**
경력	**없음.** **현 EBS 연습생**
꿈	**우주대스타**
키	**210cm**
몸무게	**103kg** (왔다 갔다 함)
고향	**남극**
현재 사는 곳	**EBS 소품실** **한구석**
성격	~~완벽함~~ **의욕이 넘치는 편**

SNS
YOUTUBE 자이언트 펭TV
Instagram @giantpengsoo
TikTok @giantptv

특기
요들, 랩, 비트박스, 댄스

취미
팬들과 소통하기

존경하는 인물
BTS 그리고 나 자신

가장 슬펐을 때
남극에서 덩치가 크단 이유로
다른 펭귄들이 인정을 안 해줬을 때

가장 힘들었을 때
남극에서 한국까지 헤엄쳐 왔을 때

가장 기뻤을 때
EBS 연습생 기회를 얻었을 때

가장 뿌듯했을 때
팬들이 나 때문에 행복하다
해줬을 때

하고 싶은 말
Yo, 자이언트 펭TV, Let's 구독

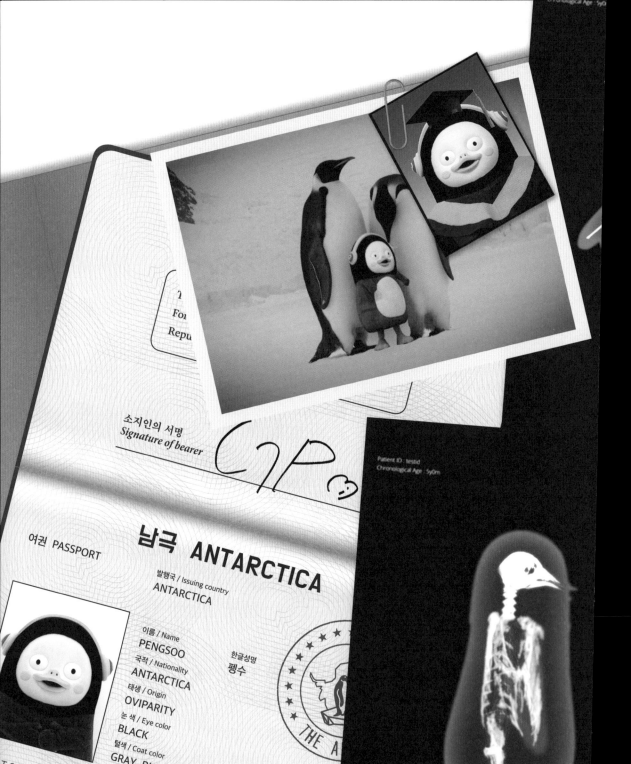

소지인의 서명
Signature of bearer

여권 PASSPORT

남극 ANTARCTICA

발행국 / Issuing country
ANTARCTICA

이름 / Name
PENGSOO

한글성명
펭수

국적 / Nationality
ANTARCTICA

태생 / Origin
OVIPARITY

눈 색 / Eye color
BLACK

털색 / Coat color
GRAY, BLACK, WHITE

TG<<PENG<SOO<<<<<<<<<<<<<<<<<<<<<<<
45678ANT1004010M240512910068330V13

위 펭귄을 일산소방서 일일 소방관으로 임명합~

펭 수 Pengsoo

연습생
Trainee

한국교육방송공사
10393 경기도 고양시 일산동구 한류월드로 281(장항동)
YouTube 자이언트 펭TV
Instagram @giantpengsoo

EB~

문서번호 20-8324-01

신 원 조 회 의 뢰 서

펭적사항	성 명	펭수		
	직 위	연습생	소 속	한국교육방송공사
의뢰사항	인스타그램	@giantpengsoo	유튜브	자이언트 펭TV
	제 목	헤엄입국자의 EBS 임시 출입증 발급을 위한 신원조회 요청	틱톡	@giantptv
	일 시	2019년 3월		
	내 용	1.상기 펭권은 남극에서 저가항공을 타고 한국으로 오던 중 경유지인 스위스에 잘못 내리는 바람에 스위스로 입국하였고 2.이후 스위스에서 요들송을 배운 후 헤엄을 쳐 2019년 3월 인천 연안부두에 도착하였습니다. 3.인천 연안부두 도착 당시 피로와 굶주림에 쓰러져 있던 상기 펭권을 지나가던 순댓국집 아주머니가 발견하고 구조하였으며 4.EBS 오디션에 참가하기 위해 남극에서 한국까지 왔다는 사연에 아주머니께서 택시비를 쾌척해주셔서 당일 오후 택시를 타고 일산 EBS에 도착하였습니다. 5.상기 입국 연유로 인하여 EBS 임시 출입증을 받기 위한 신원조회를 요청드립니다.		
제출처	기타	첨부자료 1.인천-일산 택시영수증 1부		
	한국교육방송공사			

상기 내용은 사실임을 확인합니다

2019년 3월

작성자: 펭수 (인)

펭-하! 우리 함께 숨 가쁘게 달려온 지난 1년을 기록해보았습니다.
이게 다 여러분과 내 덕입니다. 사랑해요♡

2019

3월 20일 — **유튜브 채널 개설**

첫 틱톡 포스팅 3월 25일

4월 2일 — **유튜브 채널 첫 공식
오픈 & 첫 에피소드
방영**
EP.01 '"관종 펭귄, 초등학교 습격?" 펭수, 학교 가다!'

몰아보기 특별 편성 5월 18일
25일

5월 21일 — **첫 유튜브 라이브 방송 공개**

구독자 1만 명 돌파 5월 24일

6월 18일 — EBS 초등 기본서 〈만점왕〉
표지모델 선정

첫 인스타그램 포스팅 7월 14일

7월 27일 — **EBS 〈만점왕〉 표지모델
기념 첫 팬 사인회**

김명중 사장님과 첫 만남 8월 30일
@인천 국제 1인 미디어 페스티벌

한국방송대상 어린이 부문
작품상 수상 9월 3일
EP.01 '"관종 펭귄, 초등학교 습격?" 펭수, 학교 가다!'

9월 19일
20일
이육대 에피소드
공개
'자이언트 펭TV-제1회 EBS 아이돌 육상대회'

오디션 합격 9월 24일
에피소드 공개
'EBS 최초 연습생 펭수의 오디션 합격 TIP *최초 공개*'

9월 26일 **구독자 5만 명 돌파**

9월 30일 **구독자 10만 명**
돌파

방송시간 개편 10월 10일

SBS 라디오 10월 13일
<배성재의 텐> 출연

10월 23일 **MBC 라디오 <여성시대> 출연**

10월 26일 **부산 팬 사인회**

SBS <정글의 법칙> 내레이션 출연 11월 2일

11월 10일 **구독자 50만 명 달성**

펭수 카카오톡 이모티콘 출시 11월 13일

2019 한·아세안 특별정상회의 11월 14일
릴레이 응원 영상 출연

11월 15일 **EBS <수능특강> 표지모델 선정,**
보건복지부 유튜브 채널에서
'펭성 비하인드' 영상 공개

<나일론> 12월호 화보 촬영 11월 17일

11월 22일 외교부 에피소드 공개
EP.74 '오늘은 내가 대빵'

구독자 100만 명 달성 11월 27일

11월 28일 에세이 다이어리 출시
〈오늘도 펭수 내일도 펭수〉

영국 BBC의 펭수 기사 발행 12월 13일

12월 18일 유튜브 채널 전체 조회수
1억 회 돌파

스파오 컬래버레이션 상품 12월 20일
11종 공개

펭수 달력 공개 12월 23일

12월 24일 MTV 대만
방송 출연
'韓國最紅企鵝Pengsoo(펭수)中文超強!
訪問現場直接變簽名會?!'

구독자 150만 명 달성 12월 25일

펭수 연습생 데뷔 300일 기념 12월 30일
지하철 광고 게재 by 펭클럽

12월 31일 제야의 종
타종 행사 참여

2 0 2 0

KGC인삼공사 1월 3일
정관장 광고 공개

1월 4일
2월 8일 MBC 〈놀면 뭐하니?〉 출연

JTBC
〈골든디스크어워즈〉
시상자 출연

1월 5일

1월 28일 ── 구독자 200만 명 달성

빙그레 붕어싸만코 광고 공개 1월 31일

2월 4일 ── 중앙선거관리위원회
만 18세 선거권 인하
홍보 모델 발탁

SBS 〈스토브리그〉 마지막 회 2월 14일
특별 출연

2월 17일 ── KB국민카드 'KB국민 펭수 노리 체크카드' 출시,
〈오늘도 펭수 내일도 펭수〉 한정판 꽂눈 에디션 출시

첫 공식 펭아트 시리즈 2월 18일
〈펭아트#페이퍼토이북〉
출간

3월 3일 ── 대한민국 정부
'코로나19 모두 모두 힘내세요'
영상 공개

펭수 정관장 광고 3월 10일
'아시아-태평양(APAC)
유튜브 광고 리더보드' 선정

3월 15일 ── 동원F&B 동원참치 광고 공개,
공익광고 '나의 첫 선거' 공개

펭수 이모티콘 2탄 출시 3월 25일

4월 10일 ── 자이언트 펭TV 1주년 화보 매거진
〈펭수, 디 오리지널〉 출간,
〈펭아트#컬러링북〉 출간

TO BE CONTINUED

2019년 4월 2일
유튜브 채널 첫 공식 오픈 &
첫 에피소드 방영
EP.01 '"관종 펭귄, 초등학교 습격?" 펭수, 학교 가다!'

드랍 더 비트

"드랍 더 비트." 초등학교 전학 첫날 자기소개를 하겠다며 담임선생님에게 귓속말로 비트 주세요 요청하는 10살 펭귄이라니. 첫 에피소드 등장부터 심상치 않았던 우리의 펭수는 그렇게 EBS는 '노잼'이라는 편견을 차근차근 깨뜨리다가 어느덧 공중파를 씹어먹고, 광고계를 평정하며, 허황된 꿈만 같던 '우주대스타' 자리에 정말로 한 발 성큼 다가서고 있다. 아아 놀랐다면 미안, 이런 펭귄 진짜 처음이지?

2019년 5월 24일
구독자 1만 명 돌파

0에서 출발해 약 두 달 만에 달성한 유튜브 채널 구독자 수 1만 명. 자이언트 펭TV 피셜 '쉬지 않고 구걸하며 이루어낸' 결실이다. 길 가던 시민, 모르는 시민들을 한 명 한 명 붙들고 춤추고 노래하며 구독 한번만 눌러달라 애원하던 펭수의 모습이 너무 짠해서 초반 에피소드들은 복습도 못하겠다는 펭클럽의 눈물 어린 반응이 괜히 나오는 게 아니다. 이젠 구독자 200만의 슈퍼스타가 되었으니 울지 마 바보야흐! 이 펭수밖에 모르는 바보!

주변에 전화를 좀 해서
저 구독 좀 해달라고 부탁해주시겠습니까?

2019년 7월 27일
EBS 〈만점왕〉 표지모델
기념 첫 팬 사인회

"솔직히 말해서 그렇게 많이 오실 줄 몰랐습니다. 어우 정말 깜짝 놀랐고, 정말 진심으로 감동한 순간이었습니다". 서울 광화문 교보문고에서 연 첫 팬 사인회는 전국 각지는 물론 해외에서까지 찾아온 남녀노소 펭클럽 수백 명의 환호성으로 가득 찼다. 초등 교재 표지모델 사인회가 이토록 열광의 도가니가 될 줄이야. 펭수는 미리 약속했던 대로 선착순 100명에게 사인을 해준 후, 순번에 들지 못한 아쉬움에 차마 자리를 못 뜨는 나머지 팬들 100여 명에게도 기꺼이 사인해주기 시작한다. 현상 분위기는 그렇게 7월 무더위만큼이나 한번 더 후끈 달아올랐다. 앞으로도 초심 잃지 않고 열심히 하겠습니다, 펭펭!

이육대 에피소드 공개

'자이언트 펭TV-제1회 EBS 아이돌 육상대회'

'반칙도 기술이다. 저녁은 지옥에서 먹자'. 제1회 EBS 아이돌 육상대회('이육대') 현장에 걸려 있던 이 현수막 문구만 봐도 에피소드의 '정줄 놓은' 분위기가 짐작된다. 교육방송이, 그것도 유아·아동을 대상으로 활동하는 인간과 비인간들을 데리고서 이다지도 B급 정서의 정점을 찍을 줄이야. "눈치 챙겨"부터 "기울어진 운동장"까지 할 말 다

하는 펭수를 구심점 삼아 쏟아지는 병맛과 반전 재미의 퍼레이드는 과연 어른이들의 취향을 제대로 저격했고, 그 결과 펭수는 입소문을 타고 인기를 얻다 못해 일종의 '현상'이 됐다. 'B급 슈스' 펭수를 배출해낸 EBS 역시 기존의 고루한 이미지를 벗고 '예능 명가'로 새롭게 떠올랐다. "그러니까 펭수 소속사 수신료 좀 올려주세요↗ - 펭클럽 일동"

오디션 합격 에피소드 공개

'EBS 최초 연습생 펭수의 오디션 합격 TIP *최초 공개*'

펭수가 뭐길래? 뭔데 이 난리야? 이육대 이후 말 그대로 '빵' 뜬 펭수의 정체를 궁금해하는 사람들이 끊이지 않아서일까. 펭수가 대체 어쩌다 교육방송에 그것도 '연습생'이라는 황당한 타이틀로 활동하게 되었는지 보여주는 'EBS 최초 연습생 펭수의 오디션 합격 TIP *최초 공개*' 에피소드는 현재까지도 조회수 1위 동영상 (2020년 3월 20일 기준 5,325,528회) 자리를 굳건히 지키고 있다. 합격 여부를 추후에 알려주겠다는 심사위원에게 펭수가 "여기서 하세요. 빨리 해주셔야지 저도 KBS를 가든 MBC를 가든 해야 됩니다"라는 명언을 남긴 에피소드이기도 하다.

세상에나

100000

구독자 10만 명 돌파

이육대는 위대했다! 이육대 에피소드 공개 전날인 9월 18일 2만 명을 조금 넘어선 정도였던 구독자 수는 이육대 직후 껑충 뛰기 시작해 엿새 만인 26일 5만 명을 달성했고 나흘 뒤 30일에는 그 두 배인 10만 명으로 폭증했다. 특히 9월 28일에는 구독자 수가 하루 동안 7만 명에서 8만 명으로 무려 1만 명이 늘어나는 기염을 토하기도 했다. 뭐야 무섭습니다 지금 이거. 그래도 제대로 흥.폭.발!

SBS 라디오 <배성재의 텐> 출연

'EBS는 펭수에게 너무 좁다'는 펭클럽의 애정 어린 걱정에 부응한 걸까. EBS 마크를 단 펭수가 타 방송국 경계를 거침없이 넘나들기 시작했다. SBS 라디오 <배성재의 텐> 출연을 기점으로 SBS <정글의 법칙>과 <스토브리그>, MBC 라디오 <여성시대>와 MBC <마이 리틀 텔레비전 V2>, <놀면 뭐하니?>, JTBC <아는 형님>과 <골든디스크어워즈>, KBS <연예가중계>와 <슈퍼맨이 돌아왔다> 등등. 이 정도면 가히 대한민국 방송 대통합 수준이다. 정녕 앞으로 남은 미션은 바째영 구매현피가 말했던 미국의 <엘런 드제너러스 쇼>뿐? 우리 펭수 미쿡이든 어디서든 쭉 참치 길만 걸어♡

외교부 에피소드 공개

EP.74 '오늘은 내가 대빵'

펭수가 공기업 출신으로서는 드물게 대중들 사이에서 역대급 인기를 구가하자, 각종 공공기관과 공기업들이 같은 '공'이라는 내적 친밀감에 힘입어 열렬한 컬래버레이션 러브콜을 보내고 있다. 지금까지 자이언트 펭TV에 간택된 굵직한 곳들만 꼽아봐도, 첫 협업 영상을 찍은 외교부를 위시해 대한민국 정부, 한국공항공사, 보건복지부, 교육부, 중앙선거관리위원회까지 말 그대로 후덜덜한 수준. 이외에도 헤아릴 수 없이 많은 '공' 자 붙은 곳들이 펭수의 출연을 고대하며 오늘도 '존버' 중이다.

구독자 100만 명 달성

구독자 1만 명 달성 카운트다운을 하며 기쁨의 트월킹을 선보이던 펭수 모습이 엊그제 같은데. 그로부터 약 6개월 만에 무려 '100배'라는 눈으로 직접 보고도 믿기 어려운 업적을 세우고야 말았다. 첫 에피소드 방영일로부터 겨우 8개월 만에 이루어낸 성과이자, 9월 30일 구독자 10만 명을 기준으로 비교해보면 약 두 달 만에 90만 명을 쓸어 모은 쾌거다. "10만 때는 날 뻔했는데 이번에는 살짝 날았던 것 같아여. 이렇게 많은 분이 사랑해주시고 있다는 생각에 정말 행복합니댜. 이게 다 팬분들과 제 덕이라고 생각합니댜. 많이 사랑해여. 고마워요."

위 풍

당 당

에세이 다이어리 출시

<오늘도 펭수 내일도 펭수>

8월 8일 자신의 생일날 펭수는 도서관에서 또래 친구들에게 낯모르는 펭귄 이야기책을 낭독해주었다. 그리고 100여 일 뒤 펭수는 자신의 그림 에세이 책으로 대한민국 출판 시장을 휩쓴다. 펭수의 에세이 다이어리 <오늘도 펭수 내일도 펭수>는 각종 대형 온라인 서점에서 예약 판매 개시 10분 만에 판매량 1000부, 개시 3시간 만에 판매량 1만 부를 돌파했다. 1분당 약 56~100권씩 팔린 셈. 이 기세를 몰아 출간 3개월 만인 2020년 2월 <오늘도 펭수 내일도 펭수>의 한정판 꽃눈 에디션도 출시됐다.

MTV 대만 방송 출연

2019년 12월 24일

'韓國最紅企鵝Pengsoo(펭수)中文超强! 訪問現場直接變簽名會?!'

우주대스타로의 첫 교두보?! 펭수의 첫 번째 해외 매체 인터뷰가 성사됐다. MTV 대만 <아이돌즈 오브 아시아>에서 '어른 아이 할 것 없이 사랑받는 슈퍼 연습생' 펭수를 취재하러 한국으로 날아온 것. 대만에서 온 MC와 펭수가 포즈 대결을 펼치며 내보인 찰떡 케미 덕분에 해당 유튜브 영상에는 '무슨 말인지 하나도 모르겠는데 유쾌하고 재미있다'는 한국어 댓글 반응이 우수수 달리기도. 중국어와 대만어를 하는 펭수의 색다른 귀염뽀짝도 확인할 수 있다. "펭하오! 여러분╱안녕╲하세요~ 저는╲펭수╱입니다."

제야의 종 타종 행사 참여

2019년 12월 31일

타종 인사? 아니 타종 '펭'사! 서울시가 진행한 시민 추천 보신각 타종 인사 투표에서 펭수가 당당히 1위를 차지해 각계 시민 대표 10명과 함께 제야의 종을 울렸다. 덕분에 '제야의 종을 울린 최초의 동물'이라는 특별한 타이틀도 얻었다. 이날 행사에서 펭수는 빨간 한복에 은색 조바위까지 야무지게 갖춰 입고 나왔는데, 무대에서 폴짝폴짝 뛰며 잔망을 떨다 그만 조바위가 벗겨지는 바람에 결국 타종은 민머리 상태로 했다. 물론 펭클럽은 조랭이떡 같아 더 사랑스럽다며 앓아누웠다는 후문이다. "네! 전 어쨌든 귀엽습니다!"

'공개 5일 만에 500만 뷰, 이후 3일 만에 1000만 뷰, 현재 (2020년 3월 20일) 기준 2000만 뷰'. 펭수의 광고 영상 '남극행 티켓을 향한 펭수의 무한도전~(feat. 힘을 줘요 정관장)'이 쓴 레전설이다. 영상에 달린 댓글 말마따나 '펭성 + 바째영과의 케미 + 동년배 취향 저격인 펭귄극장 포맷 + 펭수의상 + 요들 + 맴찢펭수 + 깨알 자이원배'를 모두 아우르는, 그야말로 펭클럽이 감길 만한 요소는 다 때려 넣은 종합선물세트 수준이니 어찌 보면 당연한(?) 결과일지도. 여기에 더해 동원참치, 붕어싸만코, 비타500 광고까지, 펭수의 광고계 블루칩 행보는 앞으로도 계속된다. 쭈욱~

"근데 한국에는 어쩌다 오게 됐어?" "BTS 아세요? BTS 보고 왔어요". 펭수가 드디어 자신의 꿈이자 목표인 BTS 떤배님들과 조우했다. JTBC <골든디스크어워즈>에서 베스트 O.S.T상 시상자로 활약한 후 서프라이즈로 떤배님들을 정중히 무대 위로 청해 올린 것.

떤배님들과 함께하는 깜짝 댄스 타임까지 멋지게 성공시켰으나 정작 본펭은 무대를 내려오며 "아 춤 잘 못 췄어…"라며 자책해, 보는 사람들로 하여금 이슬예나 PD에 빙의해 "펭수 완벽했어!"라고 외치게 만들기도 했다. 그 뒤 뷔와 정국 떤배님이 따로 펭수를 찾아와 '웱!' 포즈를 함께 취하며 응원해주어 이날 하루는 다시금 훈훈하게 마무리됐다. "정말 지금 너무x2 행복하고요, 아… 지금 머릿속이 하얘졌습니다. 행복한 새해가 됐습니다! 감사합니다☆"

2020년 1월 28일

구독자 200만 명 달성

구독자 10만 명에서 100만 명으로 90만 명이 느는 데 약 두 달 걸렸는데, 이번엔 한술 더 떠서 구독자 100만 명에서 200만 명으로 즉 100만 명이 느는 데 똑같이 약 두 달이 걸렸다. 첫 에피소드 방영일로부터는 고작 303일 만이다. 펭수는 땡큐 메시지에서 도무지 잦아들 줄 모르는 인기 비결을 '펭클럽의 한결같은 사랑'에 돌렸지만, 이번만큼은 펭수에게 그가 한 말을 그대로 되돌려주고 싶다. "펭수가 누구보다 열심히 도전하고 준비하잖아요? 열심히 하기 때문에 오늘 같은 기회가 있는 거예요. 그러니까 절대 과분하게 생각하지 마세요".

첫 공식 펭아트 시리즈   2020년 2월 18일

〈펭아트#페이퍼토이북〉 출간

펭수 공식 굿즈, 나오기만 해! 바로 '돈쭐'을 내줄 테니까! 오랜 시간 지갑이 드 릉드릉했던 펭클럽을 위해 EBS의 첫 공식 펭아트 Peng Art 시리즈 〈펭아트#페 이퍼토이북〉이 마침내 출간됐다. 펭클럽이 가장 좋아할 만한 에피소드의 패션과 소품을 엄선하여 SNS에서 펭수 팬 아티스트로 활동하고 있는 차니 Chani 가 디자인 작업한 총 12종의 페이퍼토이 도면과 설명서를 한 권의 책으로 엮었다. 페이퍼토이북을 시작으로 다양한 책과 굿즈 등이 출시될 예정으로 펭클럽의 행복한 비명은 한동안 계속될 전망이다. "제가 지금부터 굿즈의 천국으로 데려다줄 테니까… 펭클럽 여러분, 달게 받아라."

펭수 가라사대

펭클럽 여러분이 제가 한 말을 좋아한다고 해서 좀 모아봤어요↗
펭수 목소리가 그리울 때 펼쳐서 읽으면 몸에 좋습니다. 웩!

화해했어요.
그래도 보기 싫은 건
똑같습니다.

EP.31 '이말년(침착맨)과 펭수(EBS 연습생)의 짤방 폭격!'에서

'EBS 옥상에서 뚝딱이 선배님을 만났다'에서

저는 제가 알아서
하겠습니다!

EP.66 '화보 모델 펭수'에서

내가 나일 때 제일 좋은 거다.

'자이언트 펭TV 주제가'에서

남극에선 혼자였지 남과 다른 덩치

원래 그래 특별하면 외로운 별이 되지.

EP.55 '교감 선생님 풀장에 빠뜨린 SSUL'에서

여러분을 사랑하는 사람을 만나세요.

19

'제1회 EBS 아이돌 육상대회'에서

눈치 챙겨.

EP.44 '펭수, 드디어 ㄱㅁㅈ을 만났다'에서

하나부터 열끝까지 내가 다 합니까?!

EP.86 '펭수에게 전수받는 면접 100% 통과 노하우'에서

일개 사원이라뇨! 무려 사원인 겁니다.

토와듀테여 턴배님...!

EP.27 '예술 천재 펭수, 고양예고 테스트 도전! 음악과 미술과 뿌셔!'에서

도와주세요 선배님

'펭수의 얼어죽을 고민상담소'에서

다 잘할 순 없어요

잘하는 게 분명 있을 겁니다

그걸 더 잘하면 돼요

다 잘할 순 없어요.
잘하는 게 분명
있을 겁니다.
그걸 더 잘하면 돼요.

엣 헴

21

너가 뭘 알아!
너가 우리 엄마에
대해서 뭘 알아!!

'2020 첫 라이브'에서

EP.94-95 '펭수 리더십 논란
해명하겠습니다 feat. 댄스 배틀'에서

한숨 안 쉬었다
두 숨 쉬었다!
하(한숨) 하(한숨)

근심 피로 나가 나가
저리 나가욧!

EP.43 'EBS 복지 클라쓰 전격 공개!
[힐링 선물 3종 세트]'에서

EP.43 'EBS 복지 클라쓰 전격 공개!
[힐링 선물 3종 세트]'에서

아 이유는 없어
그냥 해.

힘내라는 말보다
사랑해라고 해주고
싶습니다.

중앙일보 인터뷰에서

밀착 취재!
펭수의 하루

제작진과 함께하는 아이디어 회의부터 스타들만 찍는다는 광고 촬영까지.
일분일초도 허투루 쓰지 않는 우주대스타 펭수의 하루.

#1 아이디어 회의
"누가 나를 빼놓고 시작합니까? 회의는 진지하게 열심히!"

#2 자이언트 펭TV 촬영
"저는 맨날 즐겁습니다. 영상을 기다리시는 구독자분들을
생각하며 따사이~"

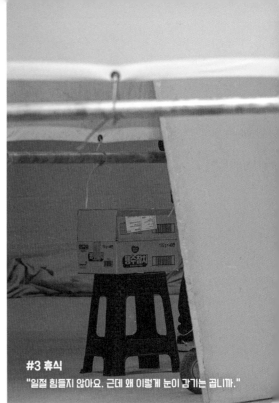

#3 휴식
"일절 힘들지 않아요. 근데 왜 이렇게 눈이 감기는 겁니까."

#4 광고 촬영
"평생 동안 참치 오조오억 개를 준다고?
엣헴엣헴 신이 나!"

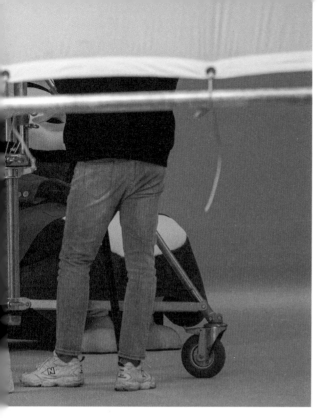

#5 모니터링
"바쁜 일정을 마치고 펭클럽 여러분의
댓글 읽으며 힐링!"

드랍 더 댓글

댓글 늘 지켜보고 있뜸니다↗ 여러분의 한마디 한마디에 매번 마음이 몽글몽글 앗 뜨겁뜸니다.

#1 덕 심 저 격

"펭수 본격 입덕 포인트를 분초 단위로
한 땀 한 땀 짚어보아요"

EBS 복지 클라쓰 전격 공개!   EP.43

 하***** ** ** ** 취
4:18 뒤로 해봐 이유는 없어 그냥 해
5:55 근심피로나가나가 저리나가요
7:07 알로하 알로하 미스터 몽키
👍 1.4천 👎 답글

　 b***** ***g
　 ㅋㅋㅋㅋㅋㅋㅋㅋ사람들 걸려드는 뽀인트가
　 다 비슷비슷하구나.ㅋㅋㅋㅋㅋ
　 👍 79 👎 답글

펭력사무소 - 편의점(점장이 극한직업) EP.87

 Y*** **e
3:20 귤 물고 있는 거 백번 돌려 봄 ㅠㅠ
👍 218 👎 답글

2020년 첫 라이브

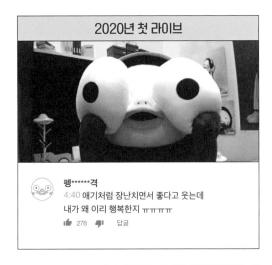

 펭******격
4:40 애기처럼 장난치면서 좋다고 웃는데
내가 왜 이리 행복한지 ㅠㅠㅠㅠ
👍 278 👎 답글

'삭발 VS 국토대장정' 구독자 만 명 내기! EP.19

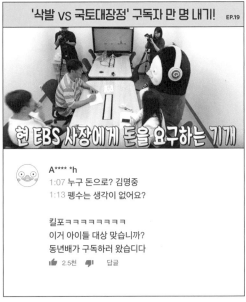

 A**** *h
1:07 누구 돈으로? 김명중
1:13 펭수는 생각이 없어요?

킬포ㅋㅋㅋㅋㅋㅋㅋㅋ
이거 아이들 대상 맞습니까?
동년배가 구독하러 왔습디다
👍 2.5천 👎 답글

#2 펭아 밍웃

"펭클럽, 들어올 땐 마음대로지만 나갈 땐 아니란다^^"

뜻밖에 힐링되는 저세상 ASMR feat. 담양특산물 담양빛

 늴***노**
1일 차 대체 얘가 왜 인기 있지 2일 차 자꾸 생각나네...
3일 차 너만 보인단 말이야
👍 5.5천 👎 답글

캬*
저도 이렇게 똑같이 입덕했어요ㅠㅠ
👍 257 👎 답글

김*은
전 하루 만에 3일 차를 해냈습니다
👍 190 👎 답글

e* ***g**
누구신데 제 얘기를 써놓으신 거죠?
👍 33 👎 답글

t***t**
내가 쓴 줄 알았네요.. 이제는 어린 것이
바닥서 자고 부모랑 떨어져 있고 눈물나요ㅠㅠ
👍 72 👎 답글

영*니**
4일 차 주위 사람들한테 우리 펭수 귀여운거
보라며 영상을 공유한다
👍 72 👎 답글

펭수 밴드 도전기 feat. 노브레인   EP.81

노브레인과 호흡을 맞추는 펭드러머

 N** * *********n**
펭수야, 난 외국사람인데요.
난 한글은 조금 도 몰라요.
근데 펭수과 대화 하기 위해, 난 한글은 사용하려
이야기하려고. 펭수는 너무너무 좋아요. 너의 얼굴을
보고 그리고 목소리를 들을 때마다 기분이 정말 좋다.
건강하시고 행복하세요. 사랑해 우주 대스타 펭수
펭빠
👍 839 👎 답글

세상에 나쁜 펭귄은 없다   EP.65

인간 < 펭귄
약육강식

 Y *
첫 펭수 영상을 보기 전: 이게 뭐지..?
첫 펭수 영상을 본 후: 이게 뭐지?!!!!!
👍 517 👎 답글

#3 동  년
배 덜

"나 국민학교 3학년 10살인데 우리 동년배들 다 펭수 본다"

펭수, 매니저 되다! EP.12

b* *s
결제 왜 유아어린이부 부장님이 하시죠?ㅋㅋㅋㅋㅋ
ㅋㅋㅋㅋㅋ

👍 2.3천 👎 답글

자이언트 펭TV
유아부 소속이잖아

👍 655 👎 답글

J** ***g
@자이언트 펭TV 앞으로는 어른이부 부장님께
받도록 하세요!

👍 101 👎 답글

제1회 펭수 표현하기 대회 EP.11

자만적(?)

역시 다들 날 귀엽게 보는군요

H******** **m
우리집 다섯 살 아들하고 마흔 살 아들이
너무 좋아해요!ㅎ

👍 2.3천 👎 답글

펭수의 떡집 체험 EP.47

니나노오오오오오 ↗

A** ***i
펭수 10살 맞어? 동년배 스멜이 난다~

👍 939 👎 답글

자이언트 펭TV
세대를 아우르는 편이야

👍 753 👎 답글

한강 수영 라이브?! 10살 펭수는 남극이 그리워요 EP.15

분량이 안 나올 것 같습니다

J**** *g
38세 남자입니다. 딸래미 보여주다가 이게 뭐라고
제가 펭수에 빠져버렸습니다 ㄷㄷ 청량한 예능감
장난 아니네요

👍 2.4천 👎 답글

자이언트 펭TV
감사합니다 아저씨

👍 1천 👎 답글

#4 따 유 뜻 발

"어디서 녹는 냄새 안 나요? 내 마음이 지금 다 녹고 있잖아요!"

[펭수 Live] 토이스토리 OST You've got a friend in me

C*****r
펭수야 오늘도 버텨냈어 안아줄래?
👍 701 👎 답글

냉탕과 온탕을 오가는 지옥의 뒤끝파티 feat. 슈퍼콘 챌린지

K** *****h
나를 비롯한 많은 사람들이 펭수 네게 반하는
이유 중 하나가 강자에게 강하고
약자에게 약한 태도라고 생각해.
거기서 때로는 통쾌함을 때로는 따뜻함을
느끼는 것 같아. 이번 에피소드 아름다웠어^^
빙그레도 흥하고 펭수도 더더더더 흥하길~
안전!
👍 310 👎 답글

나 홀로 소품실에 EP.76

S*
펭수가 동년배들의 친구이기도 한 게 진짜 야근하고
있는 동년배들 찾아가서 안아주고 위로해주는
것봐도 알겠다. 이 에피의 끝에 다른 친구들이 펭수
찾아오는 거라고 마냥 생각했는데 펭수가 직접
동년배를 찾아서 응원해주는 거라고는 생각 못했음.
야근하다가 기뻐하는 찐 반응 보니 내가 다 행복함 ㅠㅠ
펭수는 천사야. 우리에게 기적처럼 온 선물이고,
어쩜 그런 생각을 했을까. 연말에도 일하는
우리 동년배들에게 큰 위로가 되었어. 달력 힘들게
구매했는데 2020년은 펭수 때문에 더 행복할 것 같아.
펭랑해
👍 1.4천 👎 답글

인간x펭귄 두근두근 첫 데이트 EP.62

침** **자
아오 이번 편 너무 감동적이다.
난 처음엔 펭수 발언이 사이다라서 인기가 많은 줄
알았는데, 댓글 보면 아이들만이 아니라
우리 성인들도 관심받고 위로받고 싶었나봐 ㅠㅠ
👍 487 👎 답글

#5 오오구구

"우쭈쭈 우래기 하고 싶은 거 다 해☆"

추억의 5만 구독자 축하 라이브 feat. 트렌치코트 언박싱

날 축하해줘

s******* ***g
이 펭귄이 저한텐 박보검이고 차은우입니다.....
이 펭귄이 저한텐 박보검이고 차은우입니다.....
이 펭귄이 저한텐 박보검이고 차은우입니다.....
이 펭귄이 저한텐 박보검이고 차은우입니다.....

👍 2.1천 👎 답글

EBS 최초 연습생 펭수의 오디션 합격 TIP *최초 공개*

(남극 펭귄의 패기.jpg) BTS

서*미
펭수야 그런 식으로 하면 할리우드 탑스타밖에 못해
진짜로;;

👍 1.5만 👎 답글

　자이언트 펭TV
진짜로?ㅠ

👍 4.2천 👎 답글

'펭TV 야유회'라고 쓰고 '지옥'이라 읽는다 EP.56

펭생의 회전목마

k****미
휴...교육방송이 허락한 유일한 마약.....너란 펭수

👍 7.1천 👎 답글

락버전 펭수 메들리 [신이나 & 찹쌀떡송] EP.82

PENGSOO READY!

H***** **m
내 새끼 첫 학예회 보는거마냥 왜 눈물이 나냐
증말....ㅋㅋㅋㅋㅋ

👍 1.5천 👎 답글

"숟가락이 타고 있어요~♡"

임문식이에게 낚였습니다   EP.84

 한국관광공사 TV
펭수야 우린 아직 포기하지 않았어...
이번엔 산업관광지에서 고생했지만
다음엔 해외에서 고생해보자...
우리랑 같이 한류스타가 되어
외국인 관광객을 유치해보는 거야.

👍 7.8천   👎   답글

오늘은 내가 대빵   EP.74

 S****** ***n
공기업 캐릭터 하나로 중앙정부 공직자들을 저렇게
찍을 수도 있고 심지어 차관급도 저렇게 할 수 있다니..
이것이 모든 정부가 그렇게 부르짖던
대통합 아니겠습니꽈!!!

👍 2천   👎   답글

펭수와 팬들의 최강 컬래버레이션 신상 뮤비 feat. 챌린지♡

 대한민국법제처
이렇게라도 함께해서 너무... 좋아요 ㅠㅠㅠㅠ

👍 3.3천   👎   답글

　　보**라
　　새령아 축하해~ ㅎㅎ

　　👍 253   👎   답글

펭수, 드디어 실버버튼 받다! feat. 날개로 하는 언박싱은 처음이지?

 환경부
펭수~ 실비비튼 받은 것 축하드립니다!
골드버튼도 받으며 승승장구하시길 바라며...
우리도 질척거려봅니다 ㅎㅎ 남극에서 왔는데
환경부에 와보셔야 하는 것 아닙니꽈? 고향이 그립지
않으십니까?(의아하신 분들을 위해 환경부가 남극에
제2의 펭귄마을을 만들었습니다..) 또한 친구들을 위해
다양한 환경보호에도 함께 참여해주세요...오...

👍 7.3천   👎   답글

#7 제 맛 작 집

"이거 이거 이 집 잘 하네"

EBS 클라쓰 보여드리겠습니다   EP.93

"오 이게 뭐야?"

S**** ****g
아니 이건 진짜 너무 B급 감성이라 할 말이 없어지는
영상ㅋㅋㅋㅋ엄청난걸 만들어내는 EBS

👍 1.1천   👎   답글

> Y ***
> 고퀄 B급 감성 아무나 못합니다 진짜..
>
> 👍 35   👎   답글

> M*** ***g
> EBS에는 교육방송계의 타란티노가 있다.
>
> 👍 34   👎   답글

[단독] 펭귄 의혹 전격 해부   EP.57

구독자 영상 편지

보셨나요? 저는 펭귄입니다

잘**********다
진짜 지독한 세계관ㅋㅋㅋㅋㅋㅋㅋㅋㅋㅋㅋㅋㅋㅋ
ㅋㅋㅋㅋㅋㅋㅋㅋㅋㅋㅋㅋㅋㅋㅋㅋㅋㅋㅋ

👍 9.2천   👎   답글

펭수의 매니저 사관학교 feat. 매니저스 펭! 하!

나는 펭수가 좋다

S******** ***g
난 사실 펭수 소속사가 EBS인 게 너무 좋아
언뜻 보면 이거 불량식품인가 싶은데 알고 보면
까다로운 식약처 검사 다 통과한 해썹마크 달린
건강식품 같아...하루 종일 끼고 살아도 이거
EBS 콘텐츠라고 생각하면 뭔가 공부한 것 같고
나도 매니저 사관학교 들어가서
펭수 털 벗겨주고 싶다. 그렇게 까칠한 펭귄어로
나한테 물떠오라 그러면
나는 EBS앞에 우물도 팔 수 있어 펭수야ㅜㅜㅠ

👍 3.9천   👎   답글

EBS 연습생 펭수의 남극참치 헌정곡 feat. 요새 핫한 그 참치송!!

남극참치

냥*
ㅋㅋㅋㅋㅋㅋㅋㅋ유튜브가 있어서 다행이야ㅋㅋㅋㅋㅋ
ㅋ방통위에 억눌려 있던 이비에스 직원들이 폭주한다

👍 1.1만   👎   답글

이 에 비 스

예술고 학생은 아크로바틱과 발레를 배운다고?! EP.28

김*면
KBS 케백수
SBS 스브스
MBC 마봉춘
EBS 김명중
👍 1.8천 👎 답글

자꾸 교육방송 선 넘는 이말년과 펭수의 짤방 폭격 EP.31

아맛있다

옹*
EBS 지금까지 대체 어떻게 참았어요 이런 콘텐츠
하고 싶은 거를ㅋㅋㅋㅋㅋㅋㅋㅋㅋㅋㅋㅋㅋㅋ
👍 2천 👎 답글

[펭수쇼 1부] 당신의 펭수를 선택해주세요! EP.51

삼바 삼바 삼바 삼바 ◯
춤을 추고 있는 그대

휘****루
누가 봐도 기획 제작이 EBS 아닌 것 같은데
EBS인 거 너무 웃김
👍 1.5천 👎 답글

사**스
EBS가 킬포임ㅋㅋㅋㅋㅋㅋㅋ
👍 100 👎 답글

- 제1회 -

펭클럽 인증
모의고사

2020.

성명

문항
1
2
3
4
5
6
7
8

객관식 답란

| 1 | |
| 2 | |

너가 몰 알아? 너가 펭수에 대해서 몰 알아?
펭클럽 인증 모의고사로 펭덕 지수를 정확하게 측정해보세요.
찐 팬 인증하려면 몰래몰래 유튜브 영상 훔쳐보기 없기!

1. 다음에서 설명하는 것은?

> 우주대스타라는 꿈을 품고 한국에 온 펭귄.
> 현재 EBS 소품실 한구석에 살고 있으며
> 취미는 팬들과 소통하기이다.
> 펭귄어, 물범어, 한국어에 능통하고 특기는
> 요들, 랩, 비트박스, 댄스이다.

① 범수　　② 펭수　　③ 아리수　　④ 혜수

2. 다음은 자이언트 펭TV 타이틀곡의 가사다.
   빈칸에 들어갈 가사로 알맞은 것은?

> 남극에선 혼자였지 남과 다른 덩치
> 원래 그래 특별하면 외로운 별이 되지
>
> 한국에선 노는 게 제일 좋은 펭귄
> 뿌르르? 삐리리? 암튼 스타라며
>
> 노는 건 내가 제일인데 한 번 볼래
> 아 구걸하려던 건 아냐 자이언트 펭TV
>
> 음 그래도 [　　]하면 내가 잘할게
> 난 너의 평생 친구 자이언트 펭수
>
> 워-오- 자이언트 펭TV
> 워-오- 자이언트 펭TV
>
> 난 하나뿐인 210cm
> 자이언트 펭귄 크리에이터 펭 펭!
> Yo, 자이언트 펭TV, Let's 구독

① 펭클럽　　② 좋아요　　③ 구독　　④ 환경보호

3. 다음 중 펭수의 현재 직업으로 가장
   적절한 것은?

① EBS 사장
② EBS 재수생
③ KBS 연습생
④ EBS 연습생

4. 펭수의 이름을 영문으로 바르게 표기한 것은?

① PENGSU
② PHENGSOO
③ FENGSOO
④ PENGSOO

5. 다음은 펭수의 자작시 '남극'의 전문이다.
   빈칸에 들어갈 알맞은 말은?

① 박재영　　② 임문식　　③ 김명중　　④ 물범

6. 다음 중 펭수가 가장 좋아하는 생선은?

① 눈치
② 참치
③ 몸치
④ 충치

7. 다음 중 자이언트 펭TV에 아직 출연한 적 없는 캐릭터는?

① 처키
② 뿡뿡이
③ 뚝딱이
④ 번개맨

8. 다음 빈칸들에 공통적으로 들어갈 단어는?

① 선배
② PD
③ 부장
④ 매니저

도와주세요 ⬜ 님

⬜ 님들, 왜 거짓말했습니까?

차라리 빨리 끝내 이 ⬜ 야

9. 다음 중 펭수에 대해 옳게 설명한 사람은?

예나　펭수의 키는 210cm야.
민정　펭수의 고향은 북극이야.
문경　펭수는 미국 CNN의 소품실에 살아.
유정　펭수는 비트박스를 할 줄 몰라.

① 예나　② 민정　③ 문경　④ 유정

10. 펭수가 메리 펭수마스를 맞이해 불렀던 노래 제목은?

① 산타 텔 미
② 현타 텔 미
③ 오타 텔 미
④ 기타 텔 미

1. 다음 중 펭수가 안경을 쓰지 않았던 에피소드는?

펭수와

① 에피소드 42 '재벌 펭귄이 도서관에 있는 책
  몽땅 일시불로 긁은 썰.SSUL'
② 에피소드 74 '오늘은 내가 대빵'
③ 에피소드 24 '드디어 논란 종결! 매니저는
  과연 머머리가 될 것인가'
④ 에피소드 92 '지각해서 펭수 PD 잘렸습니다'

2. 다음 중 아직 펭수가 도전해보지 않은 영역은?

① 먹방
② 국토대장정
③ ASMR
④ 눈싸움 대결

3. 다음 중 펭수의 털 관리 비법에 대한 설명으로
   옳지 않은 것은?

① 손으로 먼저 털을 토닥토닥 두드려준다.
② 줄자를 이용해 결을 관리한다.
③ 줄자 끝과 펭수의 털은 15도 각도를 유지한다.
④ 하체 무브먼트를 이용해 주저앉듯이 털을
  아래로 쓸어준다.

4. 펭수가 한국에 도착해 처음으로 먹은 음식은?

재연

조심스레 국물 한 숟갈 들어보는데

① 순댓국밥
② 콩나물국밥
③ 따로국밥
④ 우거지해장국

5. 펭수가 첫 번째 라이브 방송에서 가장 좋아한다고
   꼽았던 노래의 장르는?

① 알앤비
② 요들송
③ 힙합
④ 판소리

6. 다음은 에피소드 43 'EBS 복지 클라쓰 전격
   공개! [힐링 선물 3종 세트]'에 나오는 대화다.
   빈칸에 들어갈 말로 옳은 것은?

임문식이: '안녕하세요' 왜 하는 거예요?
펭수: (웃음) 뒤로 해봐. 말 들어!
임문식이: (웃음) 왜 하는 거냐고요 이거
펭수: 이유는 없어 [   ]

① 말 들어   ② 실시   ③ 그냥 해   ④ 초심 잃었니

7. 다음 장면이 등장하는 에피소드에 대해 옳은 설명만을 고른 것은?

- 간주 중 -

㉠ 팬들이 직접 제작해 보내준 영상들이 나온다.
㉡ 펭수가 트렌치코트를 입고 등장한다.
㉢ 'Yo, 자이언트 펭TV. Let's 구독.'이라는 가사로 노래가 시작된다.
㉣ 펭수와 제작진이 촬영한 배경 장소는 인천광역시 월미도이다.

① ㉠, ㉣
② ㉠, ㉡, ㉣
③ ㉠, ㉢, ㉣
④ ㉠, ㉡, ㉢, ㉣

8. 다음은 에피소드 61 '나 펭수, 학교에 잠입한다'에서 처음 선보였던 자작곡 '찹쌀떡 노동요'의 가사다. 당시 펭수가 즉석에서 불렀던 버전을 기준으로 삼았을 때 가사가 잘못 표기된 곳은?

만드세요 만들 만들어 지금부터 떡을 만들어~ Yo!
맛있는 떡 ㉠ [쫄깃쫄깃] 달라붙는 떡! 어이!
하얀색의 찹쌀떡을 먹으면 입안에서 팥이
㉡ [가득해요] 그걸 먹고 ㉢ [공부하면] 찰싹 붙어
그러면 ㉣ [수능 만점] 만만세

① ㉠   ② ㉡   ③ ㉢   ④ ㉣

9. 다음 중 펭수가 울지 않았던 에피소드에 나오는 장면을 골라라.

①

②

③

④

10. 다음 중 펭수가 한 적 없는 말은?

① "그만 크고 싶습니다."
② "매니저가 다이어트 하나 봐요."
③ "욕 많이 먹었어요?"
④ "일단 우주를 정복한 다음에 우주에 있는 모든 생명체들에게 웃음과 행복을 전달해주고 싶어요."

1. 다음 중 펭수가 직접 한 소절이라도 부른 적
   없는 노래는?

   ① 착각의 늪
   ② Radio Ga Ga(라디오 가가)
   ③ 그것만이 내 세상
   ④ 울게 하소서

2. 펭수가 직접 밝힌 펭수의 옷 사이즈는?

   ① 6XL   ② 7XL
   ③ 8XL   ④ 9XL

3. 다음 중 펭수가 펭귄어를 쓰지 않았던 에피소드는?

   ① 에피소드 93 '펭수 친정 EBS 클라쓰
      보여드리겠습니다'
   ② '펭수의 매니저 사관학교(feat. 매니저스)
      펭! 하!'
   ③ 에피소드 22 '펭수 걸그룹 데뷔?!
      실제 오디션 현장 공개!'
   ④ '윤도현 선배님과 S본부에서 만남
      (feat. 우리 호흡 난리 남)'

4. 다음 중 펭수가 출연한 에피소드에 대해 옳게
   설명한 사람만을 고른 것은?

   성화   펭수의 '엣헴송 리믹스'는 에피소드 65
         '세상에 나쁜 펭귄은 없다'에서 처음 나왔어요.
   준섭   에피소드 72 '수업 중에 경운기를 몰아봤다'
         에서 펭수는 실제로는 경운기를 몰지 않았어요.
   미라   에피소드 62 '인간×펭귄 두근두근 첫 데이트'
         에서 펭수는 선물로 쌍화차와 행운의 펭수
         카드를 준비했어요.
   동현   '추억의 5만 구독자 축하 라이브'에서 선물 받은
         남극참치 케이크에는 펭수의 영문 이름이
         '펭구'로 잘못 적혀 있었죠.

   ① 성화, 준섭
   ② 성화, 동현
   ③ 준섭, 미라
   ④ 미라, 동현

5. 다음 중 펭수가 코스프레했던 캐릭터를
   모두 고르시오.

   ㉠ 세일러문   ㉡ 닥터 스트레인지
   ㉢ 엘사   ㉣ 해리포터
   ㉤ 슈퍼마리오   ㉥ 스펀지밥

   ① ㉡, ㉢, ㉣
   ② ㉣, ㉤, ㉥
   ③ ㉠, ㉡, ㉢
   ④ ㉠, ㉣, ㉥

6. 다음 중 에피소드 제목과 해당 에피소드 속 펭수의 대사가 제대로 짝지어진 것은?

- ㉠ 에피소드 75 '펭력사무소-공항편'
  "왜 진 거 같은 느낌이 드네요?"
- ㉡ 에피소드 24 '펭수x쓰복만! 피, 땀, 눈물의 성우 수업 현장'
  "선 넘지 마세요!!"
- ㉢ 에피소드 12 '오늘은 펭수가 매니저 일 다 한다고요. 아.시.겠.어.요? "펭수, 매니저 되다!" '
  "전 불법 안 해요"
- ㉣ '[인싸게임대회] 들어는 봤나? 펭수 게임'
  "게임은 계속되는 거예요"

① ㉠   ② ㉡   ③ ㉢   ④ ㉣

7. 다음 중 펭수가 등장한 에피소드 속 장면과 해당 에피소드를 잘못 짝지은 것은?

①
에피소드 53
'펭수.한다.소방관.'

②
에피소드 98
'펭수 시골 ssul' 논란에 대해 답해드리겠습니다!!

③
에피소드 39
EBS의 평균은 인간에게 역사를 가르칩니다! 펭수, 1타 강사 되다!

④
에피소드 80
'컬링, 좋아하세요?'

8. 다음은 에피소드 96 '펭생 첫 배우 도전! 펭수x스토브리그'에 나오는 대화다. 빈칸에 들어갈 말로 옳은 것은?

펭수	어때요 저 나쁘지 않습니까?
선배님들	너무 좋아요.
펭수	저 괜찮아요?
선배님들	네.
펭수	근데 좀 떨려요.
선배님들	평소처럼 따뜻하고 사랑스럽게.
펭수	☐ ? 알겠습니다.

① 사랑스럽게
② 펭수처럼
③ 아주 따뜻하시네요
④ 제가 잘 하는 거네요

9. 다음은 납량특집에서 펭수가 따라귀신과 대결을 펼치는 장면이다. 대결 순서를 올바르게 표기한 것은?

㉠   ㉡   ㉢

① ㉠-㉡-㉢   ② ㉡-㉢-㉠
③ ㉢-㉠-㉡   ④ ㉢-㉡-㉠

10. 펭수가 EBS <최고의 요리 비결>에 출연해서 했던 말이 아닌 것은?

① "인기의 비결? 나 자체."
② "좋아하는 색깔? 초코색깔."
③ "언제든지 만나요."
④ "일절 긴장 안 했어요."

1. 펭수가 지금까지 방문한 학교는 총 몇 군데인가?
   ① 5군데　　　　　② 6군데
   ③ 7군데　　　　　④ 8군데

2. 에피소드 73에서 첫 공개된 '펭숙소'에 대한 설명으로 옳은 것은?

   ① 나뭇가지 모양의 옷걸이 상단에는 펭수 얼굴이 조각돼 있다.
   ② DJ 부스에는 큰 미러볼 1개와 작은 미러볼 1개가 달려 있다.
   ③ 벽에는 펭수 화보가 총 3장 붙어 있다.
   ④ 참치 가득 냉장고에는 펭수가 '펭-하!' 하는 모습이 그려져 있다.

3. 펭수가 구사한 적 없는 언어는?
   ① 포르투갈어　　　② 프랑스어
   ③ 일본어　　　　　④ 러시아어

4. 다음 중 올바른 설명이 아닌 것은?
   ① 번개맨의 번개 파워는 거짓말이 아니다.
   ② 펭수가 만든 간 디톡스용 빙수에는 시금치와 연근이 들어갔다.
   ③ 성우 체험을 하면서 측정한 펭수의 성량은 80dB(데시벨)이었다.
   ④ 펭수가 화보촬영을 위해 사이즈를 측정했을 때 머리 사이즈는 140cm, 등 사이즈는 140cm이었다.

5. 다음 네 개의 보기 가운데 인물의 수가 동일하지 않은 한 가지를 골라라.

   ㉠ 에피소드 47 '펭수의 떡집 체험'에서 펭수가 만든 떡을 먹어본 사람의 수
   ㉡ 펭수가 '행운의 펭수 카드'를 만들기 위해 복의 기운을 모으려 만난 사람의 수
   ㉢ 펭수가 토이스토리 OST 'You've got a friend in me' 어쿠스틱 라이브를 처음 부른 영상에서 등장하는 사람의 수
   ㉣ 에피소드 88 '알바가 얼마나 중요한지 알려드리겠습니다'의 에필로그에서 편의점 조끼를 입고 등장하는 사람의 수

   ① ㉠　　　② ㉡　　　③ ㉢　　　④ ㉣

6. 에피소드 76 '나 홀로 소품실에'에 대한 설명으로 옳은 것은?
   ① 펭수가 산타 할아버지에게 친구들 좀 보내달라며 편지를 쓸 때 쓰는 크레파스 색깔은 초록색이다.
   ② 펭수가 제작진에게 크리스마스 파티를 하자고 제안했다가 거절 당하는 장면에서, 제작진 가운데 후드티를 입고 있는 사람은 1명밖에 없다.
   ③ 나 홀로 멋내기 단계에서 펭수가 양치할 때 쓰는 칫솔의 색깔은 분홍색이다.
   ④ 크리스마스에도 일하는 직원들에게 선물을 나눠주려고 출발한 후 1층 로비에서 시청자들에게 크리스마스 메시지를 보낼 때까지, 펭수는 '메리 크리스마스'를 총 7번 말한다.

7. 다음 장면에 나오는 붕어빵 가판대에 대해
올바르게 설명하는 사람을 모두 고르시오.

샘이	가판대에는 총 10개의 붕어빵 그림이 그려져 있어요.
재호	골드버튼보다 실버버튼이 더 펭수 가까이에 놓여 있었죠.
산슬	김명중 사장님이 등장하는 장면에서 미리 구워져 있던 붕어빵은 총 9개입니다.

① 샘이, 재호, 산슬　　② 샘이, 재호
③ 샘이, 산슬　　　　　④ 재호, 산슬

8. '펭수팀 댄스배틀 무편집 풀샷'에서 선보인
펭수팀의 댄스 순서를 올바르게 표기한 것은?

ⓐ

ⓑ

ⓒ

ⓓ

① ⓒ-ⓓ-ⓑ-ⓐ　　　② ⓓ-ⓒ-ⓐ-ⓑ
③ ⓐ-ⓓ-ⓑ-ⓒ　　　④ ⓑ-ⓐ-ⓒ-ⓓ

9. 다음 중 에피소드 85 '할머니들과 남극식 나이
먹어봤습니다'에 대해 옳게 설명한 사람만을
고른 것은?

문식	펭수는 자이언트 댄싱 슈즈를 신지 않고 등장했어요.
원배	펭수가 간장을 뜨고 나서 도움을 요청한 매니저는 '홍채인' 매니저였죠.
재영	펭수가 '떡국을 먹어도 자기는 나이 먹지 않는다'고 말할 때 나오는 배경음악은 바이브의 '십년이 지나도'입니다.

① 문식, 원배, 재영
② 문식, 원배
③ 문식, 재영
④ 원배, 재영

10. 다음 중 펭수가 등장한 에피소드 속 장면과
해당 에피소드를 잘못 짝지은 것은?

①

에피소드 57
'[단독] 펭귄 의혹 집중 해부! 독점 인터뷰: 김민교, 양세승'

②

'연기과는 마피아게임을 더 잘할까?
[펭수×고양예고 연기과 마피아게임]'

③

에피소드 35
'(남량특집) EBS 펭귄 귀신 이야기 들어볼까? 지하에서 말 조심해야 하는 이유!'

④

에피소드 60
'펭수 vs 배성재, 퇴사각? SBS 정복기'

펭수의 애장품

펭클럽이라면 누구나 만져보고 싶어 하는 펭수의 애장품.
귀하신 아이템들을 한데 모아 꼬질꼬질한 날개 때까지 그대로 담았다.

헤드셋
Headset

펭수의 트레이드마크가 된 노란 헤드셋 브랜드는 '김명중'. 본
책에 실린 독점 인터뷰를 통해 펭수가 가장 아끼는 물건이라
고 고백하기도 했다.

귀도리
Earmuffs

포슬포슬한 질감의 빨간 귀도리는 날씨가 추운 날에만 착용
하는 편이다. 착용한 모습을 자주 볼 수는 없지만 10살 펭수
의 귀여움을 한층 업시켜주는 효자 아이템.

선글라스와 안경
Sunglasses and Glasses

날렵한 디자인의 검정 선글라스는 스냅백에도, 트렌치코트에도 잘 어울린다. 동글이 안경은 펭수의 지적인 매력을 살
린다. 둘 다 말랑말랑한 테가 펭수 머리를 안정감 있게 감싸는 형태.

스냅백
Snapback

'자이언트 펭귄' 로고가 박힌 검정 스냅백. 주로 검정 선글라스와 매칭해 스웨그 넘치는 룩을 연출하며 힙합퍼의 피가 흐르는 펭수에게 찰떡같이 어울린다.

자이언트 댄싱 슈즈
Giant Dancing Shoes

'댄스 천재' 펭수의 춤 실력을 업그레이드해주는 빨간 운동화. 맨발로 다닐 때보다 덜 미끄럽기 때문에 춤을 추지 않을 때도 종종 신는다.

펭수 인형
Doll

60cm와 90cm 사이즈에 따라 각각 '6살 펭수', '9살 펭수'라는 별명으로 불리는 펭수 인형. 펭수가 직접 인형을 안고 찍은 셀카가 펭스타그램에 올라와 화제가 되기도 했었다.

눈알 쿠션
Eyeball Cushion

보다 보면 절로 빠져들 수밖에 없는 펭수의 치명적인 사백안에 영감을 받아 제작된 쿠션. 일산 EBS 2층 '펭숙소'를 방문하면 볼 수 있다.

펭수 캐리어
Suitcase

앞면에 펭수가 그려진 노란 캐리어. 포스코에서 '펭숙소'를 지어주면서 함께 마련했다. 공개되자마자 굿즈로 출시되기를 바라는 펭클럽의 성원이 끊이지 않는 레어템이다.

참치
Tuna Can

전용 냉장고가 있을 만큼 펭수가 가장 좋아하는 '소울푸드'. 동원F&B와 협업해 출시한 참치 제품에는 펭수의 얼굴과 어록이 담겨 있다.

크로스백
Crossbag

먼 길 외출하거나, 자질구레하게 들고 다닐 게 많을 때 잊지 않고 챙기는 가방. 펭수의 매끈한 어깨에도 미끄러지지 않도록 잘 고정되면서도 착용감은 편안한 게 특징이다.

머리핀
Hair Pin

졸업사진 찍는 노하우를 공개하면서 처음 착용하고 나온 핀. 동글동글한 장식이 박혀 있는 실핀과 레이어드해서 스타일을 연출하기도 한다.

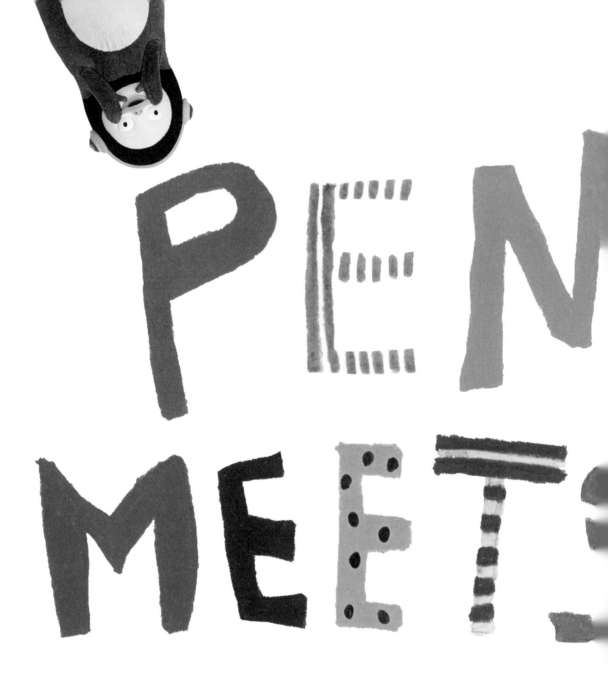

새로운 시대의 새로운 아이콘 펭수는 영감을 좇는 아티스트들에게도 반가운 존재다.
일러스트레이터, 애니메이터, 도예가, 플로리스트 등 아티스트 7인의 손끝에서
새롭게 탄생한 뮤즈, 펭수를 만나볼 시간이다.

이고르 바스티다스
IGOR BASTIDAS

뉴욕을 베이스로 활동하는 일러스트레이터이자 애니메이터. <뉴요커>와 <뉴욕 타임스>, <워싱턴 포스트>, <가디언> 등의 일러스트레이터로 활약하고 있다. 단순명료한 선, 강렬한 원색의 컬러, 풍부한 상징과 날카로운 은유가 담긴 현대적 아트워크로 글로벌한 활동을 펼친다. 미야자키 하야오, 레그 스미스 Reg Smythe, 모리스 Morris, 해나 바베라 Hanna-Barbera가 창조한 캐릭터들의 오랜 덕후로, 펭수의 대담한 디자인과 대중문화 아이콘으로서의 면모에 매료되어 이 프로젝트에 참여했다. "펭수가 콩가 라인 Conga line을 리드하며 다양한 인종, 다양한 세대의 친구들과 춤추고 노래하는 모습을 표현했습니다. 춤과 노래는 기쁨과 즐거움을 타인과 공유할 수 있는 가장 간단한 방법이니까요. 펭수는 그것을 이미 알고 있는 것 같아요."

@o.chawon

오유미
OCHAWON

EXO 백현, 폴킴, 태연 등 K-Pop 스타들의 뮤직비디오 속 감각적인 플라워 스타일링으로 화제가 된 플로리스트. 플라워 스튜디오 오차원 ochawon, 吳茶園을 운영하며 울퉁불퉁한 형태에 가늘고 삐뚜름한 얼굴 표정이 그려진 도자기 '오드미 oddme'를 만들고 있다. "성별이 없다는 점, 표정은 하나지만 보는 각도와 시각에 따라 많은 감정을 대변할 수 있다는 점에서 펭수는 오드미와 닮았어요." 그가 손으로 주물러 만든 단 하나뿐인 화병은 펭수의 얼굴이 되고 머리 위엔 활짝 꽃이 핀다. 샛노란 부리를 닮은 달리아, 화사한 매력의 라눙쿨루스, 여리고 섬세한 미모사, '당신을 행복하게 해줄게요'라는 예쁜 꽃말을 가진 파란색 델피니움으로 장식된 '꽃보다 펭수'는 일상 속 기쁨과 휴식이 되는 펭수를 위한 플라워 스타일링이다.

데일리피스
dailypiece

서울과 제주를 오가며 작업하는 데일리피스는 일상에서 영감의 조각을 모으고, 그것을 모티브로 작업하는 그래픽 듀오다. 그 이름처럼 대중 공간과 전시장, 광고와 뮤직비디오 등 일상의 다양한 장소와 플랫폼에서 그들의 사랑스러운 아트워크를 만날 수 있다. "펭수를 진작부터 알고 있었지만 작업을 하면서 그 매력에 제대로 빠졌어요. 어두운 작업을 하면 어두워지고 밝은 작업을 하면 덩달아 밝아져요. 펭수의 유쾌한 성향에 빠져들어 내내 즐거운 마음으로 작업할 수 있었습니다." 데일리피스는 데뷔 1년 만에 유튜브 행성을 정복하고 위풍당당하게 깃발을 꽂는 우주대스타 펭수의 모습과 펭클럽이라면 당장이라도 갖고 싶을 1주년 기념 아이템들을 3D 그래픽으로 형상화했다.

서인지
SEO INJI

서울을 기반으로 활동하고 있는 일러스트레이터이자 애니메이터. 한여름을 연상시키는 쨍한 색감과 특유의 레트로한 감성으로 현실과 상상의 경계를 넘나드는 그의 작품은 예쁘기보다 매력 넘치는 것을 애정하는 디지털 세대의 감성을 대변한다. 어떤 상황에서든 누구에게든 당당한 모습이 막 그림을 그리기 시작할 무렵 만든 이후 현재까지 작가와 함께 변화해온 시그너처 캐릭터 '뚠뚠이'와 닮아 펭수에게 관심을 갖게 됐다. "우주대스타가 되고 싶다는 펭수의 꿈이 이뤄졌을 때의 모습을 상상해봤어요. 펭수를 사랑하는 이 세상 모든 것들이 마음을 다해 그 무대를 지켜주고 있지 않을까? 펭수를 만나게 된다면 지금은 모두 직장인이 된 친구들에게 내가 미처 건네지 못했던 말을 대신 해줘서 고맙다는 인사를 하고 싶어요."

@Jungminson_official

손정민
SON JUNGMIN

식물과 사람, 그리고 따뜻함을 그리는 작가. 특유의 아름다운 선과 색감을 바탕으로 그림은 물론 세라믹, 모빌 등의 입체 작업을 선보이고 있는 손정민은 국내외 패션지를 비롯해 여러 브랜드와 협업해오며 전시와 책을 통해 대중과 만나고 있다. 좋아하는 사람들과 그들을 닮은 식물을 그린 책 <식물 그리고 사람>(미메시스)을 출간한 바 있는 작가는 펭수의 자유롭고 솔직한 성격을 다채로운 꽃무늬의 세라믹 조각으로 이미지화했다. "하고 싶은 말과 행동을 자유롭게 표현하는 당당함이야말로 사람들이 펭수를 사랑하는 이유가 아닐까 싶어요." 주머니에 쏙 들어가는 포켓 사이즈로 언제 어디서나 펭수와 함께할 수 있다.

LET'S GO TO SCHOOL!

I MISS YOU

CLAP CLAP CLAP

I AM STUDYING

엣헴 엣헴
신이나

YES YES YES!

I'M HUNGRY

LOVE LOVE LOVE

GOOD BYE

@kimchamsae

김참새
KIM CHAMSAE

카카오 이모티콘, 패션지, 혹은 어떤 제품이나 어느 예쁜 전시장에서 한번쯤 만나봤을 사랑스러운 크레파스 그림의 주인공. 프랑스에서 파인 아트를 전공한 김참새는 일상 속에서 떠오르는 순간의 감정을 일기 대신 그림으로 그려낸다. 작업하다 지칠 때면 펭수의 영상을 보며 힐링하고 펭수를 통해 영감도 받는 열혈 펭클럽이기도 하다. 펭수의 모습을 리서치하고 그리는 내내 즐거웠다는 그는 오조오억 개의 매력을 가진 펭수를 이모티콘 형식으로 표현했다. 다양한 상황 속에서도 펭수는 펭수다. "오랜만에 신나는 작업이었어요. 펭수가 오래오래 활동해주길 바랍니다."

샘바이펜
SAMBYPEN

대중에게 익숙한 문화 키워드를 엮어 자유로운 긍정의 에너지를 담아내는 샘바이펜(본명 김세동). '미쉐린 맨'으로 유명한 비벤덤에서 시작된 둥글둥글한 형태를 자신만의 스타일로 이미지화해 다채로운 캐릭터와 서체로 작업을 확장시켜 나가고 있다. "세상의 거의 모든 캐릭터를 좋아한다"는 그가 캐릭터를 작품에 차용할 때 중요하게 생각하는 건 '이 캐릭터가 지금 우리가 사는 세상에서 어떤 역할을 하고 있는가'이다. 펭수는 EBS라는 '교육' 방송에서 시작돼 유튜브라는 뉴미디어를 통해 전 세대로 확장된 이례적인 캐릭터다. 그라피티 방식으로 완성된 두 작품은 펭수의 유머러스한 모습과 함께 인터넷으로 대변되는 21세기 미디어의 역할에 대한 메시지를 던진다. 어떤 무엇을 떠올려도 좋다. 각자에게 펭수가 어떤 존재이든 변함없는 건 펭수가 우리의 친구라는 것.

Pengsoo with PENGCLUB

우래기를 보는 것만으로는 만족할 수 없어!

펭클럽 회원들이 한 땀 한 땀 만들어낸 '펭아트' 작품을 한데 모았다.

펭수를 사랑한다면 두말할 것 없이 평생 소장각이다. 우리 턴배님들, 금손 인증!

*소중한 작품의 게재를 허락해주신 펭아트 작가님들께 감사드립니다.

@giant.pengsoo.hedy

@eggppeng

New York City

@eggppeng

GIANTPENGBINGSU

TOPPINGS ON THE ICE

@xiha_nation

순대국밥

美味

@xiha_nation

다 잘할 순 없어
잘하는 게 분명 있을 거야
그걸 더 잘하면 돼

@ggoggo

@dalbum

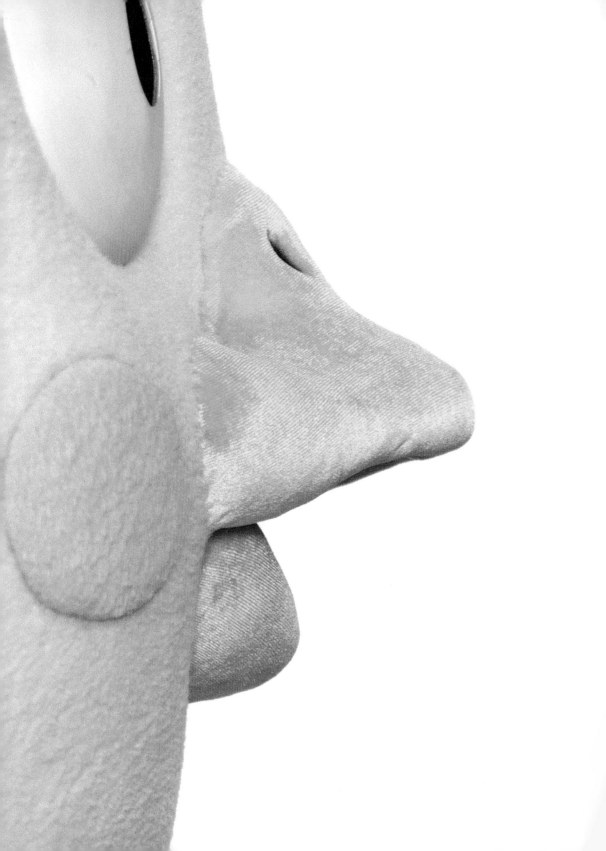

남극   빼어날   詩   選

펭수시선

깨알 같은 라임은 기본, 낭송만 해도 둠칫둠칫 어깨가 들썩이는 리듬감까지!
펭수가 쓴 시의 세계에는 스웨그와 흥이 넘친다.
최초로 공개하는 두 편의 신작은 한결같이 사랑해주는 펭클럽에게 바치는 1주년 선물이다.

펭클럽

펭수

하나면 하나지 둘이겠느냐

펭수와 펭클럽은 하나지 둘이겠느냐
펭클럽이 없으면 펭수는 있겠느냐
펭수가 없으면 펭클럽은 있겠느냐

하나면 하나지 둘이겠느냐

E B S

펭수

이비에스에 왔지

비가 오나 눈이 오나 포기하지 않지

에너지가 끓어 넘치지 그래 나는 펭수

스타가 될 펭귄이지

남극

펭수

남극은 춥다

추운 건 얼음

얼음은 빙수

빙수는 맛있어

맛있는 건 참치

참치는 비싸

비싸면 못 먹어

못 먹을 땐 김명중

할머니

펭수

돈은 영어로
머니

사랑은 영어로
할머니

그러므로
할머니는 사랑

사랑해요 할머니
뭐니뭐니 해도 할머니

사랑하니까, 펭수니까

셀피를 찍겠다더니 카메라 셔터를 누르며 장난만 치는 영락없는 10살.
데뷔 1년 만에 슈퍼스타가 된 펭수에게 언제 행복한지 물었다.

펭하! 펭수의 데뷔 1주년을 축하합니다.
1년 만에 구독자 200만 명이 넘는 슈퍼스타가
되었어요. 요즘 기분이 어때요?
사람들도 이 말을 자주 하더라고여. "하늘을 날 것만
같다." 이 말 펭귄들도 하거든여. 지금 제 기분이
이래여. 아 그리고 이건 비밀인데 사실 조금 난 것
같기도 해요.

이렇게 큰 인기를 얻은 이유가 뭐라고 생각하나요?
그 이유는 제 자신과 펭클럽이죠.

사실, 맨 처음에는 사람들이 몰라주고 구독자도
천천히 늘어서 섭섭했죠? 그때 어떤 생각을 했어요?
인터넷에 펭수 이름 검색해보고 막 그랬나요?
아쉬움은 있었지만 섭섭한 건 없었어여.
저를 잘 모르는 분들은 저를 궁금해하셨고,
궁금해하시던 분들은 저를 좋아해주셨어여. 비록
숫자는 적었지만 지금과는 다른 행복이었뜸니다!
그래도 검색은 매일매일 했습니다.

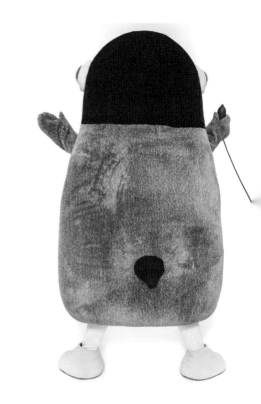

남극에서 스위스를 경유해 헤엄쳐서 인천으로
왔잖아요. 혼자서 이렇게 먼 곳으로. 아는 사람
하나 없이 오겠다는 결심과 용기는 어떻게 냈을까
항상 궁금했어요.
꿈을 이루기 위해!

EBS 연습생으로 보낸 지난 1년 동안 참 많은 일이
있었죠. 가장 기억에 남는 순간 세 개만 꼽는다면요?
첫 번째 그리구 두 번째 팬 사인회가 제일 기억에
남아요. 그리구 BTS 턴배님들을 만났을 때!
그리구 맨 처음 촬영했을 때가 생각나여.
일산초등학교 갔을 때요! 그리고 아 세 가지만?
몰라 너무 많아!! 세 가지로 한정하지 마!!

한국과 남극은 무척 다르잖아요. 한국에서 1년
동안 생활하면서 가장 좋았던 점은 뭐예요?
참치를 마음껏 먹을 수 있는 것.

한국에 와서 지금까지 가본 곳 중에 다시 가보고 싶은 곳이 있어요? 또 아직 못 가본 곳 중에 가고 싶은 곳은 어디인가요?
가본 곳보다 못 가본 곳을 더 가고 싶어여. 모든 곳에 저의 발자취를 남기고 싶습니다.

펭수는 패션 센스도 남달라요. 코디는 직접 하는 건가요. 아니면 코디 선생님이 따로 있나요? 그동안 입은 옷 중에서 가장 마음에 들었던 옷은 무엇인지도 궁금해요.
대장장이님이 직접 제 옷을 만들어주세여. 그럼 저는 골라서 입습니다. 가장 마음에 들었던 옷은 쁘띠프랑스에 갔을 때 입었던 옷이여!

그런데 펭수가 메고 다니는 가방에는 뭐가 들어 있나요? 또 가장 아끼는 물건은 뭐예요?
요즘에는 손수건과 날개 소독제를 넣고 다녀여. 가장 아끼는 물건은 제 헤드셋입니다.

펭수를 만나고 싶어 하는 사람들이 참 많아요. 펭수가 자이언트 펭TV에 꼭 초청하고 싶은 사람이 있어요? 국내도 해외도 상관없어요. 펭수가 원하면 다 이뤄졌잖아요.
아 이것도 엄청 많은데 '거북이' 만나서 같이 비행기 부르고 싶어여.

펭수는 "매일 하나도 안 힘들고 재미있다"고 했잖아요. 심심할 땐 뭐 하고 놀아요?
심심할 때 복습노트와 함께 복습하면 시간이 금방 가여. 그리고 매니저들 불러서 놉니다!

그러고 보니 최근 첫 번째 봄방학을 보냈죠? 뭘 하고 보냈는지 펭클럽에게만 알려주세요.
전원배랑 같이 영화도 보고 참치도 많이 먹고 놀았어여.

"1년 뒤 10년 뒤 어떤 모습이 될지 모르기 때문에 재밌어여. 어떤 꿈을 꾸겠다고 정해놓기보다 모두 이룰 껍니다."

그런데 매니저 중에 펭수랑 제일 말이 잘 통하는 사람은 누구예요? 사실 펭클럽들은 맨날 이거 갖고 싸운답니다. 이것도 펭클럽에게만 살짝 얘기해줘요.
그때그때 달라여.

많은 사람들이 펭수를 보면서 고민도 해결하고 위로도 받고 한답니다. 펭수의 고민거리는 뭐예요?
펭클럽들의 고민을 어떻게 더 많이 해결하고 어떻게 더 많이 행복하게 할 수 있을까.

댓글을 보면 알겠지만 펭수 덕분에 행복해서 가끔 울기도 해요. 펭수는 언제 행복해요?
제가 누군가의 행복이 될 때 제일 행복합니다!

펭클럽은 펭수가 직접 댓글을 달아주거나 하트를 눌러주면 기뻐서 자랑하고 좋아서 잠도 못 자요. 엄청 바쁠 텐데 언제 댓글이나 편지를 직접 확인하나요? 보면서 어떤 생각을 해요?
댓글과 편지는 시간 날 때마다 봐여. 봤던 거 또 보기두 하고. 댓글이나 편지를 볼 때 드는 생각은 그 글을 쓰면서 나를 생각하는 그 마음의 시간이 너무 감사할 뿐입니다.

1년 동안 많은 걸 경험했지만 그래도 더 해보고 싶은 게 있어요? 영화 출연, 콘서트, 해외 팬 사인회 등 펭클럽이 기다리는 건 너무너무 많은데요.
지금 제일 하고 싶은 건 팬미팅이에여! 펭클럽과 놀고 싶뜹니다.

꿈에 그리던 BTS 턴배님도 만나고 광고 출연에, 보신각 타종 행사까지 많은 사람들을 만나고 엄청난 활약을 했는데 이 정도면 우주대스타가 된 건가요? 어느 정도가 되어야 우주대스타라고 할 수 있어요?
한국을 넘어 전 세계를 넘어 지구를 넘어 우주 끝까지!

1년 뒤, 그리고 10년 뒤, 펭수는 또 어떤 모습을 꿈꾸고 있을까. 펭수의 꿈이 궁금해요.
1년 뒤 10년 뒤 어떤 모습이 될지 모르기 때문에 재밌어여. 어떤 꿈을 꾸겠다고 정해놓기보다 모두 이룰 껍니다.

이 기회를 빌려서 그동안 함께해준 제작진에게 해주고 싶은 말 있어요? 이런 말 하는 거 부끄러워하는 건 알지만요.
Thank you.

마지막으로 이 책을 읽고 있는 독자들과 펭수를 사랑해주는 펭클럽 여러분께 하고 싶은 말을 전해주세요.
이렇게 하고 싶은 말 하라고 하면 한 가지밖에 생각이 안 나여. 사랑해여! PENG LOVE YOU!

보너스! 펭클럽에게 선물로 주고 싶은 노래가 있다면 불러주세요.
이 노래가 제 마음입니다. ☺

펭수의

은밀한

사생활

카메라도 조명도 꺼지고 모두 집으로 돌아간 밤.
펭수는 아무도 없는 소품실을 구석구석 누비며 혼자만의 모험을 즐긴다.
현실과 판타지 사이를 신나게 넘나들며 펼쳐지는 펭수의 나이트 어드벤처.

REC

CCTV CAM 03

00:00:04:02

펭수가 부릅니다, 김명중!

김명중 EBS 사장

자이언트 펭TV 성공의 최고 수혜자는 바로 이 사람이다. 펭수 못지않은 인기를
누리며 단숨에 '국민 사장'에 등극한 김명중 사장이 들려준 '성공하는 콘텐츠'의 힘.

자이언트 펭TV 1주년을 축하한다.

펭수는 펭클럽이 키웠기에 팬들께 축하를 보낸다. 개인적 소감이라면 펭수가 나뿐 아니라 모두를 즐겁게 해줘서 기쁘다.

짧은 기간에 그야말로 세상을 발칵 뒤집어놨다. 펭수 콘텐츠의 힘은 무엇인가.

공감이다. 자이언트 펭TV 채널에 달린 댓글을 잠깐만 읽어도 알 수 있듯이 펭수는 웃음을 주는 것을 넘어 동시대 사람들과 함께 호흡하며 위로를 전한다. 결국 소통의 힘이다.

회사 내부에서조차 성공을 의심했을 때 오히려 전폭적으로 지원했다는데.

하루에 구독자가 10~20명씩 늘 때는 회의적인 분위기가 있었던 것이 사실이다.(웃음) 구독자가 1만 명 정도 됐을 즈음 간부 회의에서 "지금부터 이슬예나 PD보다 한 살이라도 많은 사람은 펭수 프로젝트에서 손을 떼라"고 선언했다. 선배들의 능력을 의심해서가 아니라 새로운 시대에 맞는 상상력과 문법으로 제작진들이 마음껏 날개를 펼칠 수 있도록 하기 위해서였다.

소위 '뜰' 거라는 촉이 있었던 건가.

40여 년간 콘텐츠와 미디어 영역에 머무르며 '성공하는 콘텐츠'에 대한 감각이 생긴 덕분일 것이다. 무엇보다 과감한 도전 없이 EBS의 미래는 없다고 생각했다. 결과적으로 방해만 되는 사장이 아니라 펭수의 성공에 조금이라도 일조한 사장이 되어 다행이다.

조금이라기에는 사장님의 지분이 많다.(웃음) 연습생 펭수가 사장 이름을 막 부르고 다니기 시작하면서 그야말로 빵 터졌다. 솔직한 심정은 어땠나.

솔직히 처음엔 당황했다. 내색하지 않았지만 왜 자꾸 내 이름을 부르나 했다.(웃음) 그러나 전생에 무슨 인연이 있었는지 이상하게 펭수가 하는 모든 일이 좋았다. 나를 딛고 일어설 수 있다면 아무래도 좋다는 생각도 했다. 덕분에 요새는 식당에 가면 만두 서비스를 주시기도 하고, 사인을 받겠다고 다가오는 어린이도 있다. 은행이나 병원 대기실 등에서 '김명중 님' 하고 부르면 사람들이 모두 돌아보는 건 좀 부끄럽다.(웃음)

모두가 궁금해한다. 지금 EBS 사장 김명중에게 펭수는 어떤 존재인가.

휴대폰과 같은 존재랄까. 그야말로 펭수 없이는 살 수 없는 일상이다.

펭수의 모든 것을 받아주고, 폭풍 칭찬도 해주는데 펭수의 찐팬인가.

아침에 일어나면 제일 먼저 펭수 영상 확인하고, 자기 전에 댓글도 수천 개씩 읽어보며 구독자 수도 자주 확인한다. 얼마 전에는 펭수 어록으로 주례사도 했다. 이 정도면 펭덕이라고 할 수 있을까.(웃음)

어떤 주례사였나. 일단 하객들에게 인기가 있었겠다.

펭수의 어록을 인용해 "힘내라는 말 대신 사랑한다고 해라", "모든 걸 잘할 수는 없다. 잘하는 걸 더 잘하면 된다" 등을 이야기했다. 이제 막 시작하는 부부를 위한 조언으로 손색이 없었다. 펭수가 다양한 상황에 있는 다양한 세대에게 두루 사랑받는 이유를 다시 한번 확인하는 기회이기도 했다.

전국의 CEO들 사이에서 김명중 벤치마킹이 붐이더라. 이것 하나만 명심하라고 조언을 해준다면.

절대로 개입하지 말 것. 나 역시 일찍이 선을 그었다. 펭수가 인기를 얻자 각종 공공기관으로부터 하루에도 몇 번씩 연락이 오지만 "펭수는 공익요원이 아니다. 모든 판단은 제작진이 한다"고 답변한다. 물론 실제로도 일절 제작에 관여하지 않는다.

2020년을 '펭수 세계화 원년의 해'로 선포했다. 펭수의 글로벌 캐릭터로서의 가능성 역시 확신하나.

물론이다. EBS가 100%의 지식재산권을 소유하고 있는 캐릭터가 이렇게 성공한 것은 창사 이래 거의 유일한 사례다. 펭수의 세계화는 조직에 그만큼 큰 의미가 있다. 그러나 더 중요한 것은 펭수가 꾸준히 성장해 대한민국을 대표하는 캐릭터가 되는 것이다. 펭수는 아시아는 물론, 세계 어느 나라에 가도 통할 수 있는 공감과 배려의 캐릭터다. 현재 자이언트 펭TV는 구독자 211만, 조회수 2억 뷰를 넘어섰고, 이미 BBC와 CCTV를 비롯한 외신들이 펭수를 다뤘다. BTS나 영화 <기생충>처럼 한국의 캐릭터 산업을 비롯한 산업 전반에 긍정적인 영향을 줄 수 있기를 바란다.

펭수에게 해주고 싶은 말이 있다면.

펭수야, 디즈니를 뛰어넘자! ⊚

WE'RI

PENO

카메라 안팎에서 살신성인 활약하며 마침내 열혈 팬덤까지 거느리게 된 자이언트 펭TV 제작진을 만나 펭클럽이
궁금해하던 것을 대신 물었다. 펭수 못지않게 솔직하고 당당하며, 눈물 나게 웃기는 그들, 펭벤저스 독점 인터뷰.

E THE

우리가 펭수다   1st Anniversary

SOO

우주대스타를 만든
진심

'안 된다'는 편견과 맞짱 뜨기 위해 자이언트 펭TV를 기획한 그녀는 EBS 캐릭터의 전형성을 보기 좋게 깨뜨리는 것은 물론, 레거시 미디어의 현재와 미래까지 바꾸어버렸다.

이슬예나
자이언트 펭TV & 브랜드 스튜디오 PD

Program Director

펭수의 '한국 엄마'로 불린다. 엄마는 어떤 일을 하나.
아마 펭수를 처음 뽑아서 지금까지 함께한 사람이라 '한국 엄마'라고 부르시는 것 같다. 원래는 자이언트 펭TV를 기획하고 제작했다. 현재는 제작보다는 제작 전체를 관리하고 있다. 사실 현장에서 연출하고, 완성하는 게 가장 재미있고 좋은데.(웃음)

자이언트 펭TV의 1주년을 축하한다. '펭수 현상'이라고 부를 만한 성공 덕분에 많은 축하를 받았을 것 같다.
정말 기쁘고 행복하다. 물론, 부담도 큰 것이 사실이다. 자이언트 펭TV를 사랑해주시는 모든 분들에게 실망을 안겨드리지 않아야 하고, 주변에서 펭수 관련한 요청들이 쏟아지는데 스케줄 등의 이유로 "안 됩니다"라는 말을 해야 할 때도 많다 보니 그런 것 같다. 하지만 어찌 보면 인생에서 만나기 힘들 수도 있는 소중한 순간이니 감사하고 행복하게 보내려고 하고 있다.

펭수가 슈퍼스타가 되었다는 것을 가장 먼저, 그리고 절실하게 체감하고 있을 것 같다. 뭐가 달라졌나.
우선 펭클럽분들이 남겨주시는 감사와 응원 메시지를 확인하며 매일 체감한다. 아무래도 가장 많이 느낄 때는 촬영 현장에서 펭수를 보고 정말 많은 분들이 환호해주실 때다. 예전에는 홍대입구 역이나 한강공원을 돌아다녀도 먼저 관심을 보이는 분들이 많지 않았다. 펭수가 정말로 스타가 되었구나 싶어 기쁘기도 하지만 안전 문제 등이 우려될 때도 물론 있다.

백만 번 질문을 받았겠지만 모두가 궁금해한다. 자이언트 펭TV는 어떻게 만들어졌나.
약간의 위기의식으로부터 시작됐다. 레거시 미디어가 유튜브에 비해 사람들한테 선택을 받지 못하는 이유가 있다면, 단순히 TV와 모바일이라는 플랫폼 차이라기보다는 그 안에 담긴 콘텐츠의 차이라는 생각이 들었다. 유튜브의 경우 포맷은 좀 엉성하더라도 크리에이터의 개성 있는 생각과 취향과 의지로 움직인다. 퀄리티를 더 높이되, 내용이나 캐릭터 구성은 최대한 자연스럽게 흘러가는 콘텐츠를 만들어보고 싶었다.

여느 프로그램과 달리 자이언트 펭TV를 기획할 때 중요하게 고려했던 게 있나.
의외성, 리얼리티, 소통의 세 가지 키워드였다. 차별화된 재미를 위해 콘텐츠의 포맷도 EBS답지 않게 예능형이고, 주인공도 어디로 튈지 모르는 펭수 같은 친구를 기용했다. 그리고 짜여진 각본보다는 최대한 리얼리티를 살리고자 했다. 생생한 것, 예측 불가능한 것이 더 재미있으니까. 마지막으로 오프라인과 온라인, 모바일을 넘나들며 사람들과 소통하고자 했다. 재미에서 그치지 않고 따뜻한 위로와 공감을 전하고 유대감을 쌓을 수 있도록.

지금 세상의 모든 브랜드와 기관들이 펭수만 찾고 있다.
EBS에서 제작하면서 제작비 때문에 하고 싶었던 것을 못했던 적이 많다. 자이언트 펭TV만큼은 그 제약에서 자유로운, 자생하는 콘텐츠가 되길 바랐다. 행복한 결과를 맞아서 기쁘다. 그러나 매우 조심스럽게 선별하고 있음에도 너무 상업적인 방향으로 가는 게 아니냐는 시선이 있고, 그럴 때마다 되돌아보게 된다. 시행착오를 겪으며 자이언트 펭TV가 지속 가능하기 위한 방법을 배워가는 단계인 것 같다.

사업화에 있어 가장 고려하는 점은 뭔가.
펭수는 감정을 가지고 있고 즉각적으로 소통하는 캐릭터라는 점이다. 펭수의 말과 가치관을 고려하면서 모든 선택을 하고 있다. 10살 펭수에게 어울리지 않는 선정성은 배제하고, 가급적 친환경적인 방향을 선호한다. 물론 매번 결정이 어렵다.

사람들이 펭수에게 이토록 열광하는 이유는 뭐라 생각하나.

자유롭고 당당하기 때문이 아닐까. 펭수는 누군가에게 교훈을 주거나 세상을 구한다거나 하는 대의가 아니라 인기 스타가 되겠다는 자신의 꿈, 자기 표현에 대한 욕구를 가진 펭귄이다. 한편으로는 자신을 생긴 그대로 사랑한다. 덩치가 굉장히 크고, 다른 펭귄들과는 좀 다르지만 있는 그대로 자신을 사랑하고, 자신을 표현하는 데 두려움이나 거리낌이 없다. 직설적이고 할 말 다 하는데 그게 누구든 상관없이 평등한 시선으로 대하는 태도도 사랑하는 것 같다.

정말 자존감과 스웩가 넘치는 현대적 캐릭터다.(웃음) 첫 에피소드부터 바로 그런 매력이 고스란히 담겨 있다.

맞다. 교장실에 쳐들어가 교장 선생님과 대화하는 장면에 이미 담겨 있다. 친구들과 대화할 때보다 오히려 더 당당하고 자신감 넘치는 모습, 말하자면 강강약약이랄까. 자기가 생각하는 바를 그대로 얘기하는 당찬 캐릭터가 그대로 드러난다.

'이제는 말할 수 있다!' 버전으로 펭클럽이 궁금해하는 것들을 물어보자.(웃음) 연습생이 되겠다고 찾아온 펭수를 맨 처음 만났을 때가 기억나는가. 어떤 점이 매력적이었나.

요들송!(웃음) 취미가 뭐냐고 물었더니 바로 요들을 부르더라. 빵 터지면서 너무나 신선했다. 다른 펭귄들보다 몸집이 커서 사람들 사이에 있을 때 너무 크고, 심지어 촬영할 때는 앵글 잡기도 어려울 것 같았는데 오히려 그것도 매력이 되더라. 볼수록 매력 터지고 계속 소통하고 싶은 펭귄이었다.(웃음)

매니저가 등장하는 건 애초부터 콘셉트였나.

그건 예정에 없던 일이다. 몸집이 크다 보니 펭수 혼자 모든 것을 해내기가 힘든데, 다른 캐릭터를 투입할 수 있는 여건은 안 되니 매니저를 두자고 했다. 요즘에는 제작진, 카메라, 조명 등이 화면에 자연스럽게 등장하니 펭수가 부르면 달려가라, 정도만 이야기가 되었던 건데 예상외로 반응이 오더라.

그중에서도 바째영과 자이원배의 팬덤이 대단하다.

한마디로 펭수와의 케미가 너무 잘 맞는다. 박재영 PD는 펭수와 너무 상극이다 보니 의외로 재밌더라. 어, 저 조합 재밌는데 하면서 일이 커졌다. 처음에는 약간 재밌어하는 거 같았지만 분량이 점점 늘어나니 부담스러워했다. 그런데 지금은 또 그런 시기를 지났는지, 치사하게 자꾸 자기가 연출하는 에피소드에 스스로 출연을 하더라. 이제는 PD들끼리 서로 딜을 하기도 하는 것 같다.(웃음)

자이원배의 활약도 돋보인다.

원배가 맨 처음 조연출로 면접을 보러 왔을 때 딱 일하기 싫은 사람인 줄 알았다. 그만큼 의욕이 없어 보였는데 막상 일을 해보니 조용히 할 거 다 하고, 웃을 때는 또 환하게 잘 웃더라. 현장에 투입해보니 펭수의 의욕 넘침과 만나 특별한 케미를 만들어냈다.

기획 단계부터 펭수가 슈퍼스타가 된 지금까지 줄곧 가장 중요하게 생각하는 점은 뭔가.

조금 손발 오그라드는 단어이긴 하지만 '진정성'이다. 연출과 짜여진 각본에서 벗어나 자연스러움을 담아낸다는 측면에서의 진정성이다. 펭수가 자유롭게 움직이는 것은 물론이고, 제작진도 억지스러운 콘셉트를 집어넣는 것이 아니라 자연스러운 흐름 안에 재미를 끌어낼 수 있는 장치를 배치해 진성성을 담아내려고 노력한다.

그렇게 짜여진 각본을 내려놓고 되도록 자연스러움을 추구해도 팬들은 뭔가를 짚어내는 걸 좋아한다. '지독한 세계관이다'라며.

모든 것이 지독할 정도로 자연스럽게 보일 수 있는 것은 베이스에 탄탄한 세계관이 깔려 있기 때문이다. 다만 우리는 그 세계관이 아주 심플하다. 그렇기 때문에 정확한 거다. 남극에서 온 펭수는 10살이고, 우주대스타가 되고 싶다. 이 심플하면서도 정확한 세계관을 바탕으로 팬들과 함께 성장하며 확장되는 거다.

한국 엄마 이슬예나 PD와 펭수 사이의 서열은 어떻게 형성되어 있나. 박재영은 바째영이고 임문식은 임문식이, 심지어 김명중도 김명중인데 '이슬예나 PD님'이라고 존대하는데.

어려워하긴. 어려워하는 애가 내 취미인 폴댄스를 만천하에 알리고, 시도 때도 없이 불러서 따지고 놀리겠나.

그러게 그 폴댄스에 대해서도 궁금하다. 진짜 실력은?

너무 일에 치여서 삶을 환기시키고 체력도 회복하려면 뭘 해야 하나 찾아보다가 공민정 작가님과 댄스를 배우기로 했다. 댄스 스튜디오에 갔더니 폴이 있었다. 아직 실력은 정말 초라다. 혹시 펭수가 구독자 1000만을 돌파하고 다이아몬드 펭귄이 된다면 피나게 노력해서 선보이겠다. 원하는 사람은 없을 것도 같지만.

가장 애착을 갖고 있는 에피소드는?

1편과 2편. 사실 이 두 편을 가지고 아이디어 회의를 엄청나게 많이 했다. 회의하는 내내 이런 그림이 나왔으면 좋겠다고 생각했던 것들이 거짓말처럼 현장에서 그대로 나왔다. 담임선생님도 펭수를 전학생으로 대해주시고, 첫 친구인 근원이도 '관종 펭수'를 좀 불편해하면서 의식하고, 뒤에 앉은 친구는 키가 커서 칠판이 안 보인다고 인상 쓰며 싫어하고. 그때 펭수에게 감동했던 기억도 생생하다.

"모든 것이 지독할 정도로 자연스럽게 보일 수 있는 것은 베이스에 탄탄한 세계관이 깔려 있기 때문이다. 다만 우리는 그 세계관이 아주 심플하다. 그렇기 때문에 정확한 거다. 남극에서 온 펭수는 10살이고, 우주대스타가 되고 싶다. 이 심플하면서도 정확한 세계관을 바탕으로 팬들과 함께 성장하며 확장되는 거다."

어떤 감동이었나.
교장실에 쳐들어갔을 때. 교장 선생님을 들었다 놨다 하는 모습을 보면서 너무나 재미있더라. 사실 그때 소파 뒤에서 꺼이꺼이 웃으면서 쓰러져 있었다. 나중에 돌아와서 화면을 보면서도 계속 웃었다. 연출자가 자막도, 그래픽도, 음악도 없는 날화면을 보면서 웃는 것은 쉽지 않다. 사실 그때 확신이 들었다. 펭수는 내가 생각하는 것 이상을 해내는 아이구나. 엄청난 감동이었다.

펭수 어록 중에서 가장 소중한 게 있다면.
한 인터뷰에서 "교육이 뭐냐"는 기자분의 질문에 "삶 그 자체"라는 대답을 할 때 너무 놀랐다. 자이언트 펭TV는 기획 단계부터 EBS와 어울리지 않는다는 내부 의견도 있었던 게 사실이다. 그냥 봤을 때는 그 어떤 가르침도 없으니까. 설득해야 했다. EBS라고 해서 교과서에 있을 법한 이야기를 할 게 아니라 사람들에게 다가가서 자연스럽게 깨닫고 느끼게 해야 한다고, 웃음과 위로 속에서 유대감을 느끼고 공감하는 것이야말로 충분히 교육적이고 그것이야말로 선한 영향력이라고. 근데 펭수가 한마디 말로 그 모든 것을 표현해준 거다. 너무 놀랐고 고마웠다.

그럴 땐 펭수에게서 자신의 모습이 보이기도 하겠다.
사실 친구들은 펭수 보면 꼭 너 같다고 말한다. 할 말 안 할 말 못 참고 하고, 그러면서 정에 약하고. 비슷한 부분이 있는 건 맞다. 펭수는 어떻게 생각할지 모르지만!

콘텐츠 제작자로서 극복해야 하는 편견이나 어려움이 있다면.
'안 될 거야'라는 편견. 그때마다 말하고 싶다. 해보고나 말해. 실패하면 어때. 해봐야 아는 거야.

지금 이 순간에도 펭TV는 매번 레전드를 갱신하고 있다. '전성기 때의 <무한도전>'이라는 얘기도 나온다. 각각의 에피소드에 예능 코드가 스마트하게 숨어 있다는 느낌이 드는데.
전략적으로 넣어보자 고려하는 건 아니다. 제작진이 재밌게 봤던 콘텐츠와 코드가 자연스럽게 녹아든다고 할까. 그럼에도 예능적 느낌이 난다면 우리 콘텐츠가 '펭수의 무한도전' 같은 면을 갖고 있기 때문일 거다. 디테일한 움직임이 안 되는데도 두 날개가 빠

지도록 노력하고, 되게 몸이 크고 둔한데 발레에 도전하고.

돌이켜보건대 펭수 인기의 가장 중요한 모멘텀은 언제였는가.
'이육대(EBS 아이돌 육상대회)' 편이다. 역대급 스케일도 그렇지만 녹화와 편집이 너무 잘되어 기쁘면서도, 내심 기대하지 않는 척하고 있었는데 빵 터졌다. 무엇보다 중요한 건 채널뿐 아니라 드디어 펭수에게까지 관심이 가기 시작한 거다. 검색어에 펭수가 등장하기 시작하면서 회자되더라. 좋으면서도 이게 다 거품이면 어쩌지 하는 불안도 그때 생겼다. 물론 지금은 불안함이야말로 인기의 이면이라는 것을 받아들이게 됐다. 구독자 200만을 넘으며 너무나 기뻤지만 정체기가 오니 또 불안하고. 계속 반복된다.

그런 불안과 압박감을 어떻게 이겨내나.
희망을 걸고 있는 게 있다면 댓글에서 보이는 구독자들의 진심이다. "너 때문에 행복해", "너 때문에 힘이 나"라는 댓글에 담긴 정서적인 유대감은 쉽게 쌓을 수 없는 거라는 걸 안다.

맞다. 이토록 가깝게 살아 숨 쉬며 정서적으로 교류하는 캐릭터는 아류를 찾기 힘들다.
직접 소통하는 캐릭터이기 때문일 거다. 카카오 프렌즈의 캐릭터들과 많이 비교를 하시는데 펭수처럼 현장에서 호흡하며 직접 소통하지는 않는다. 바로 그런 점이 펭수와 자이언트 펭TV가 오랫동안 사랑받을 수 있는 지점일 거라 생각한다.

춤과 노래, 센스와 유머 감각, 배려심과 공감 능력까지… 모든 걸 갖춘 슈퍼스타 펭수를 1년 동안 가장 가까운 곳에서 함께하면서 발견한 가장 멋진 부분은 뭔가.
팬들을 진심으로 사랑한다는 점이다. 팬들에 대한 마음이 정말 진심이라는 게 느껴진다. 아무리 힘들어도 팬들과 에너지를 나누고 싶어 하고, 끝까지 최선을 다하려고 하는 마음이 감동적이다. 드럼 연주나 노래, 춤은 트레이닝이 가능하겠지만 그런 마음은 연마한다고 가질 수 있는 게 아니다.

펭수가 옆에 있다면 어깨 툭툭 쳐주면서 하고 싶은 말이 있다면.
고마워. 성공을 안겨줘서가 아니라 콘텐츠 제작자인 내게 너무나 값진 경험을 줘서. 넌 항상 "지치지 않아요", "행복해요"라고 하지만 늘 그럴 수는 없을 거야. 앞으로는 굴곡진 길이나 내리막길을 걷게 될지도 모르지만 지금까지처럼 함께 가자. 서로를, 펭클럽과의 유대감을 믿으며! ◉

디테일의 펭수

펭수와 관련된 모든 이미지는 반드시 이 사람의 손을 거쳐 세상 밖으로 나온다. EBS를 단숨에 'CG 맛집'에 등극시키고 '약 빤 그래픽' '마성의 CG' 등의 찬사를 받으며 전설의 짤들을 유통시킨 한결의 손.

한결
자이언트 펭TV 그래픽 디렉터

Graphic Director

지금 세상 부러운 직업이 EBS 직원, 그중에서도 자이언트 펭TV 제작진이다. 그래픽 디렉터는 어떤 역할을 하나.
자이언트 펭TV의 펭수와 관련된 전반적인 제작물의 디자인을 디렉팅한다.

우리가 보는 펭수의 이미지를 총괄한다고 보면 되는 건가.
맞다. 기획 단계에서는 자이언트 펭TV의 로고와 프로그램 타이틀 등 기본적인 포맷을 만들었고, 프로그램이 시작된 후 20회까지 모든 CG를 제작했다. 현재는 자이언트 펭TV의 다양한 제작물이 일관된 디자인 톤을 지킬 수 있도록 총괄한다. 내부에서 제작하는 상품뿐 아니라 외부와 협업하는 경우에도 모든 디자인을 최종 검수한다.

우선 자이언트 펭TV 얘기를 해보자. 에피소드에 CG가 더해지는 프로세스가 궁금하다.
담당 PD님이 CG가 삽입되었으면 하는 부분을 전달하면, 그 의도를 가장 잘 표현할 수 있도록 작업한다. 자이언트 펭TV 제작진은 언제나 믿고 맡겨주는 분위기라 구체적인 판단은 디자이너 몫인데, 초반에는 에피소드 하나당 일주일 정도 소요되었지만 지금은 이틀 정도 걸린다.

편당 소화해내는 그래픽 양이 엄청나다. 깨알 같은 자막과 절묘한 트랜지션 등 1초도 허투루 지나치지 않으니. 가장 중요하게 생각하는 원칙은 무엇인가.
일관된 톤을 유지하는 것이 가장 중요하다. 그다음은 퀄리티를

유지하는 것. 영상은 짧은 시간에 흘러가버린다. 방송 그래픽을 만드는 사람들이 가장 힘들어하는 부분이 바로 그거다. 정말 열심히 만들어도 단 몇 초 사이에 쓱 지나가버린다. 자칫 소홀할 수도 있는데 세상은 몰라주더라도 내가 세워놓은 기준을 충족시키기 위해 매 순간 최선을 다한다.

세상이 몰라주다니! 다시보기 할 때마다 주옥같은 디테일이 새롭게 발견되어 'CG 맛집 EBS'라는 댓글이 주렁주렁 달려 있다. 수많은 짤도 돌고 있다.
그런 댓글을 보면 너무 고맙다. '노린 대로' 반응이 올 때 특히 짜릿하다. 내가 의도한 것을 사람들도 느끼고 있구나. 구독자가 적더라도 일정한 기준을 지키기 위해 최선을 다했기에 이렇게 폭발할 수 있는 원동력이 되지 않았을까 싶어 기쁘다.

그동안의 작업 중 가장 마음에 드는 CG나 효과가 있다면?
가장 힘들었던 게 가장 기억에 남는 게 아닐까.(웃음) 그런 면에서 첫 번째 편이 가장 마음에 든다. 자막은 어떻게 움직여야 할지, 색은 무엇을 어떻게 써야 할지, 어떤 소스를 어디에 사용해야 할지 등을 고민하면서 치열하게 작업했다. 톤을 잡기 위해 다양한 시도를 했다. 지금에 비하면 자막에 효과가 많이 들어가 있고, 트랜지션도 자주 등장한다. 1편을 보고 있노라면 지금도 그때 기억이 생생하다.

펭수처럼 좋아하는 캐릭터가 있었나?
어릴 때는 또래 친구들처럼 <드래곤볼>이나 <포켓몬스터>, <디

"일관된 톤을 유지하는 것이 가장 중요하다. 그다음은 퀄리티를 유지하는 것. 영상은 짧은 시간에 흘러가버린다. 방송 그래픽을 만드는 사람들이 가장 힘들어하는 부분이 바로 그거다. 정말 열심히 만들어도 단 몇 초 사이에 쓱 지나가버린다. 자칫 소홀할 수도 있는데 세상은 몰라주더라도 내가 세워놓은 기준을 충족시키기 위해 매 순간 최선을 다한다."

지몬> 등 TV용 애니메이션을 좋아했다. 그림을 그리기 시작한 중1 때부터는 내가 직접 만들었다. 캐릭터를 만들고 그것으로 이야기도 만들면서 몰입하는 걸 좋아했다.

어릴 때부터 캐릭터를 만들어본 디자이너로서 본 펭수의 매력은 무엇인가? 사실 조형적으로 보자면 펭수는 단순함의 극치다. 언뜻 단순해 보이지만 하나하나 뜯어보면 디테일이 살아 있다. 얼굴을 예로 들면 그냥 원이 아니라 아래쪽이 살짝 넓어 복숭아나 만두 같은 형태를 띤다. 또, 검은 눈동자는 세로가 길고 흰 눈동자는 가로가 길다. 눈과 눈 사이의 간격, 머리의 크기, 몸통 비율 등이 치밀하게 계산되어 있다. 덕분에 무표정인 듯한 얼굴에서 다양한 감정이 느껴지고, 잠깐 봐도 강한 인상을 남긴다.

맞다. 펭수에게는 스치듯 봐도 강렬하게 각인되는 뭔가가 있다. 미스터리한 펭귄이랄까.(웃음) 더 알고 싶고 자꾸만 궁금해지는 펭귄! 그런 느낌은 입에서 오는 것 같다. 자세히 보면 펭수의 입이 살짝 웃고 있다. 아무도 모르게 아주 살짝.(웃음) 표정 없는 눈은 무슨 생각을 하는지 알 수 없지만 입은 살짝 웃고 있어 호기심을 유발한다. 궁금해서 좀 알아보니 의외로 사랑스러운 면이 보이고, 점점 빠져들게 되는⋯ 그렇게 모든 것이 연결되어 있다.

특히 좋아하는 부분이 있나? 부리와 꼬리. 나만의 생각인데 펭수 부리만 들여다보면 하나의 생명체 같은 느낌이 든다. 콧구멍을 중심으로 봤을 땐 독립된 하나의 얼굴 같기도 하고. 작고 귀여운 꼬리는 뒷모습에도 생명력을 불어넣는다.

펭수 관련 제작물에 대해서도 이야기해보자. 펭클럽은 진작에 준비가 되어 있는데 오피셜 굿즈가 너무 늦게 나왔다. 펭수를 좋아하는 분들이 실망하지 않도록 하기 위해서였다. 펭클럽이 원하는 굿즈는 단순한 상품이 아니라 진짜 고퀄이어야 한다는 것을 잘 알고 있기에 무엇 하나 허투루 할 수 없었다. 펭수의 이름으로 나온 첫 제작물이었던 <오늘도 펭수 내일도 펭수>가 출간될 때, 인쇄소에서 한 장 한 장 감리를 본 것도 그런 이유에서였다.

인기가 더할수록 일명 '짝퉁' 굿즈들도 늘어간다. 디렉터 한결의 손을 거친 건 달라야 할 텐데. 그런 유의 상품과 차별성을 두기 위해서도 '펭수다움'을 유지하는 것이 중요하다. 펭수 본연의 매력을 살린다는 원칙을 스티커 한 장까지 꼼꼼하게, 빠짐없이 적용해 디자인하려고 노력 중이다.

2D 기반의 이미지를 다룰 때 특히 중요하게 생각하는 점이 있나? 2D는 펭수가 없는 곳에서 펭수를 대신한다. 실제 펭수가 하지 못하는 행동이나 표정을 대신하며 보완한다고 할까. 잘못된 단 하나의 이미지가 자칫 오해를 불러일으킬 수 있으니 엄격한 기준을 가지고 작업한다. 비율과 각도, 정확한 컬러를 준수하는 것은 물론 너무 우울하고 슬프거나, 짜증 내며 화를 내는 등 과격한 표현을 하지 않는 등의 원칙을 지키고 있다.

기획 단계부터 참여했으니 큰 사랑을 받으며 성장한 펭수를 보면서 누구보다 기쁠 것 같다. 물론이다. 하지만 그 기쁨과 즐거움은 충분히 누렸다. 이제는 실망시키지 않아야 한다는 책임감이 크다. 아마 다른 제작진도 마찬가지일 것이다.

애정을 넘어선 책임감이라니 역시 디렉터의 어깨는 무겁다. 펭수는 어떤 의미인가. 2018년에 입사해 미처 신입의 티를 벗지 못한 2년 차 때 펭수를 만나 오늘까지 함께했다. 펭수를 통해 많은 작업을 처음 해봤고, 펭수와 함께 하루하루 성장하고 있다. 디자이너로서 평생에 다시 만나지 못할 '인생 캐릭터'가 될 것이다.

그나저나 가끔 에피소드에 출연하지만 적극적이지는 않은 것 같다. 좀 더 비중을 늘리고 싶은 욕심은 없나? 지금은 없다. 정말로.(웃음)

마지막으로 펭수에게 해주고 싶은 말이 있다면. 화려해 보이지만 슈퍼스타 펭귄으로서의 삶이 쉽지만은 않을 것 같아. 더 열심히 할 필요 없어. 하고 싶은 대로, 하고 싶은 만큼만 지금처럼 즐기렴. ◉

이유는 없어 펭랑해

임문식
자이언트 펭TV PD

Program Director

'펭력사무소'와 '댄스 배틀'로 펭수를 시련에 빠지게
하는 장본인이지만 누구보다 펭수에게 사랑 받는
이 문제적 남자는 자이언트 펭TV를 통해 재미와 위로
두 마리 토끼를 잡으려 한다.

임문식 댄스 스쿨의 정체가 궁금하다. '댄스 배틀'을 할 정도로
실력 있는 춤꾼들이 교육방송 어디에 숨어 있었던 건가.
밤에 일하다가 졸리거나 힘들 때 '춤으로 이겨내자!'라면서 가
볍게 시작한 건데 이렇게 일파만파로 번질 줄이야.(웃음) 나와
유유정 작가, 박영재 PD가 정예 멤버. '편의점' 편에서 속성
반을 반짝 개강했는데, 앞으로도 일하다가 고되다 싶으면 시시
때때로 개강을 할 예정이다.

언제부터 춤을 췄고, 가장 자신 있는 춤은 무엇인가.
중학생 때 학교 춤 동아리였고 친구들끼리 팀을 짜서 외부에서
도 춤을 췄다. 학창 시절에는 정말 춤에 푹 빠져 있었다. 지금도
여전히 가장 관심 있는 분야이기도 하고. 부족한 실력이지만 그
나마 할 수 있는 게 팝핀인데, 요새는 몸이 너무 무거워져서 비
보잉은 어려울 거 같고 정말 간단한 동작만 하는 정도?

댄서의 눈으로 펭수의 춤 실력을 평가한다면?
사실 처음에는 좀 형편없었다.(웃음) 그런데 버스킹이나 '펭수
쇼' 등 춤을 선보여야 하는 계기가 하나둘 생겨서 맹연습을 하
다 보니 나날이 발전한 것 같다. 현재는 상당히 수준급이라 생
각한다. 매번 자신의 한계를 극복하면서 조금씩 춤 실력이 느
는 게 보인다.

그래서 펭력사무소도 매번 펭수에게 극단적인 노동 환경을 제공
하는 건가. 한계를 뛰어넘으면서 발전하라고?
펭수에게 가능한 모든 경험을 시켜보자는 게 펭력사무소의 최
종 운영 목적인데, 다채로운 기회를 준비하다 보니 이따금씩 노
동 환경이 좀 극단으로 치닫기도 한다.(웃음)

펭력사무소 일자리 가운데 펭수가 '생각보다 좋았다'고 반응했
던 곳도 있었나.
김포공항에서 최용대 소장님을 만났을 때. 본펭이 오디오 분량
을 채울 틈도 없이 칭찬을 계속 해주시는데 기분이 참 좋았다고,
촬영 끝나고도 정말 재미있었다고 하더라.

티격태격하면서도 또 펭수가 깊은 애정을 드러내는 사람 중 한
명이다. 100만 라이브 때 물에 빠지면 가장 먼저 구할 사람으로
본인을 언급하기도 했는데.
왜 나지? 의아한 한편 감동도 받았다. 어쨌든 재영이와 원배 같
은 쟁쟁한 친구들을 제치고 나를 구한다고 하니까, 쟤 마음속에
내가 있구나 싶고.(웃음) 그날 촬영 끝나고 따로 고맙다고 했다.

"내 목표 중 하나가 오직 재미만을 추구하기보다는
재미와 더불어 현대인이 약간이나마 위로를
얻을 수 있는 콘텐츠를 만드는 거다.
자이언트 펭TV를 처음 시작했을 때만 해도
펭수가 과연 그런 역할을 해낼 수 있을지
의문이 없지 않았다. 하지만 이제는 시간이
지날수록 더 많은 사람들이 펭수에게서 위로를
얻는 모습을 목격한다. 앞으로 더 배우고,
더 실력을 키워서 그런 의미 있는 콘텐츠를
계속 만들어나가고 싶다."

그런데 호칭은 어쩌다 '임문식이'로 굳어버린 건가.
나도 그게 좀 의문인데(웃음) 처음에는 본펭 나름대로 급을 뒀던 것 같다. 이슬예나 PD, 임문식 PD, 박재영 이런 식으로. 그런데 내게 분노하는 순간이 많아지면서 "임문식이!" 하다 보니까 어느 순간 정착된 듯하다. 난 친근감 있고 좋다.

PD가 된 계기가 궁금하다.
원래 영상 만드는 걸 좋아했다. 그러다 어느 날 우연히 방송국에서 어떤 일을 하는지 소개하는 영상을 봤는데, 마치 내 취미생활을 확장해놓은 거 같더라. 그래서 좀 뒤늦게 PD로 진로를 선택했고 EBS에 입사했다. 입사 초반에는 꼭 놀면서 일하는 기분이었다. 힘들긴 해도 계속 놀이를 하는 것 같달까. 자이언트 펭TV가 첫 연출작인데 아직 발전해야 할 부분이 많지만 늘 재미있게 하고 있다.

본인이 연출한 에피소드 중 한번 더 챙겨 봐줬으면 하는 게 있다면?
'낚시' 편. 내가 연출한 것 중 가장 여유를 갖게 해주는 에피소드다. 다들 너무 바쁜 일상을 살아가는 시대이지 않나.

본인은 어디서 마음의 여유를 찾는지?
가족과 함께 보내는 시간이 무엇보다 소중하다. 가정에서만 받을 수 있는 쉼 같은 게 있어서, 주말에 아이들과 같이 놀면 재충전이 된다.

자이언트 펭TV 댓글에서도 힘을 충전할 것 같은데. 특별히 기억나는 격려의 댓글이 있나?
'도른 자네' 이런 댓글.(웃음) 아, 내가 제대로 하고 있구나 하며 안심하게 된다. 아주 작게 넣은 자막이나 스쳐 지나가는 배경음악처럼 제작진이 디테일하게 넣은 장치를 짚어주는 댓글도 반갑다. 정말 사소한 부분도 다 알아봐주는 '찐 팬'들의 존재를 실감하는 순간이니까.

감동받았다는 댓글에서 힘을 얻을 거라 생각했는데 '도른 자네'라니, 의외다.(웃음)
물론 그런 댓글에서도 힘을 얻는다. 내 목표 중 하나가 오직 재미만을 추구하기보다는 재미와 더불어 현대인이 약간이나마 위로를 얻을 수 있는 콘텐츠를 만드는 거다. 자이언트 펭TV를 처음 시작했을 때만 해도 펭수가 과연 그런 역할을 해낼 수 있을지 의문이 없지 않았다. 하지만 이제는 시간이 지날수록 더 많은 사람들이 펭수에게서 위로를 얻는 모습을 목격한다. 앞으로 더 배우고, 더 실력을 키워서 그런 의미 있는 콘텐츠를 계속 만들어나가고 싶다.

지난 1년간 펭수와 함께 열심히 달려왔는데, 펭수에게 앞으로 기대하는 바가 있다면?
사람들의 마음을 시원하게 긁어주고 말 못 할 응어리를 풀어주는 당돌한 10살 펭귄, 그러면서도 재미도 계속 줄 수 있는 펭귄이 되길 바란다. 춤도 더 발전했으면 좋겠고.(웃음) ☻

재미 한 컷
애정 두 클립

박재현
자이언트 펭TV 편집감독   Editing Director

한 컷 한 컷 감칠나게 잘랐다 붙였다 하며 펭덕들의
마음을 들었다 났다 하는 자이언트 펭TV의 '가위손'이
처음으로 정체를 드러냈다.

편집 작업을 혼자 한다고 들었다. 작업량이 상당할 텐데.
보통 3~4일 투자하면 10분짜리 한 편이 나온다. 촬영 팀에서 넘
어오는 영상 분량이 한 에피소드당 4~5시간가량인데, 그걸 두
번 세 번씩 반복 시청하면서 작업한다. 혹시라도 놓치는 장면이
없도록. 혼자 하다 보니 내가 놓치면 다 놓치는 거다. 대신 단독
작업이기 때문에 편집에 일관성이 있다는 건 장점이다.

**듣기만 해도 버겁다. 자이언트 펭TV의 무엇이 이 모든 걸 감당
하게 하는지?**
가장 중요한 건 '재미'다. 개인적으로 어린이 프로그램에서 재미
를 잘 못 찾는 편이라 작업 의뢰가 들어오면 거절하는데 자이언
트 펭TV는 좀 이상했다.(웃음) 어린이용 같지 않게 재미있었다.
그래서 지금까지 하고 있다. 두 번째는 '사람'이다. 아무리 재미
있는 일이라도 싫은 사람들과 계속 해야 한다면 너무 괴롭지 않
나. 자이언트 펭TV 제작진은 정말 편하고 재미있다. 때론 '오늘
은 이 사람들이 뭐 하고 노나?' 하며 구경하는 맛에 편집을 하기
도 한다. 일하는 건데도 마치 동아리 활동을 하는 기분이랄까?

**실제로 지켜보니 제작 현장 분위기가 굉장히 흥겹고 자유롭더
라. 민주적이기도 하고.**
편집 단계에서도 그런 분위기가 지켜진다. 자이언트 펭TV에는
편집을 이렇게 해달라, 저렇게 해달라 요청하는 이른바 편집 구
성안이란 게 따로 없다. 물론 마지막에 다 함께 시사를 하며 수
정·보완을 거치긴 하지만 기본적으로는 감독인 내 생각대로 만
들게 해준다. 더 의욕이 생길 수밖에. 아예 처음 의뢰할 때부터
이슬예나 PD님이 "어린이용으로 제약 두지 말고 원하시는 방
향으로 편집해도 된다"고 말했을 정도니까.

**선곡도 본인이 직접 하는지? 자이언트 펭TV의 큰 웃음 포인트
중 하나가 동년배 감성을 건드리는 깨알 같은 BGM인데.**
일차적으로는 내가 선곡을 하고 이따금씩 음악감독님이 곡을 추
가한다. 10살 펭귄이 제 나이답지 않은 노래를 좋아하는 부조화
스러운 상황 그 자체가 웃음을 유발하기 때문에 일부러 더 동년
배 감성 위주의 곡을 고르는 편이다. 사실, 나 스스로 '동년배'다
보니 내가 좋아하는 곡을 넣으면 자연스럽게 그런 효과가 나는
거 같기도 하고.(웃음) 그리고 배경음악은 펭수가 직접 다 치지
못하는 드립을 대신 쳐주는 역할도 해야 하기 때문에 그런 관점
에서 적합한 곡인지도 함께 고려한다.

오케이 컷을 고르는 기준도 궁금하다.
미장센보다는 상황 위주로 본다. 자이언트 펭TV는 대략의 설정
을 짜놓고 그 안에 출연진을 던져 넣어 리얼 버라이어티처럼 진

편집감독의 눈으로 봤을 때 펭수는 재능 있는 펭귄인가?
편집을 하다 보면 '아, 여기서는 뭔가 더 해줬으면 딱 좋겠는데' 싶은 장면들이 있는데, 그럴 때마다 펭수가 찰떡같이 드립이나 액션을 취한다. 그래서 장면 장면을 이어 붙이는 맛이 생긴다. 한마디로 감각이 있는 거지. 제아무리 편집을 잘한다 한들 출연진이 노잼이면 한계가 있다. 그런 점에서 펭수는 확실히 끼와 재능이 있다.

박재영 PD님과 전원배 님이 입을 모아 '펭수의 소울메이트는 박재현 감독님'이라고 하더라. 그런 거치곤 에피소드에 등장을 안 하던데 앞으로 출연할 계획이 있는지?
소울메이트? 난 아니다. 아마 내가 평소에 그 둘을 제일 우스꽝스럽게 편집하니까 이 기회에 합심해서 뭔가 나를 골탕 먹이려 하는 거 같은데.(웃음) 물론 펭수와 친하긴 하다. 그리고 난 내가 등장하는 부분은 다 잘라낸다. 얼굴이 알려지면 좋은 점도 있지만 그만큼 잃는 게 많지 않. 난 자유롭게 살고 싶다. 가끔 제작진이 왜 본인만 출연 안 하냐며 뭐라고 하기도 하는데 그러면 자기네들이 편집감독 하든가.(웃음)

첫 번째 신분 노출, 정말 감사하다! 마지막으로 펭수에게 한마디 부탁한다.
펭수야, 지금껏 잘해왔듯이 앞으로도 강강약약을 잘 유지하고 또 겸손해야 해. 벼는 익을수록 고개를 숙인다고.(웃음) ◉

행하는 포맷이다. 중간중간 뻘쭘해서 웃음이 터지는 상황이 자연스럽게 등장하기 마련인데 그럴 때 특히 펭수의 심경 변화가 얼굴에 잘 드러난다. 그럼 그게 오케이 컷이 된다. 펭수의 심경 변화를 잘 알아보는 비결을 묻는다면 결국 애정?(웃음)

첫 에피소드를 편집했을 때, '솔직히 이건 대박 날 거 같다'라는 촉이 오진 않았나?
예나 지금이나 그런 건 잘 알 수가 없다. 유튜브 생태계는 정말 잘 모르겠다. 생각지도 못한 게 조회수가 터지기도 하고 그 반대의 케이스도 있고. 매번 주어진 데서 최선을 다할 뿐 결과는 장담할 수 없다. 하지만 오히려 그렇기 때문에 이 작업이 재미있는 것일 수도?

" 미장센보다는 상황 위주로 본다.
자이언트 펭TV는 대략의 설정을 짜놓고
그 안에 출연진을 던져 넣어 리얼 버라이어티처럼
진행하는 포맷이다. 중간중간 뻘쭘해서 웃음이
터지는 상황이 자연스럽게 등장하기 마련인데
그럴 때 특히 펭수의 심경 변화가 얼굴에
잘 드러난다. 그럼 그게 오케이 컷이 된다."

자이언트 펭TV와 함께하고 있는 사람들

PD 이슬예나, 임문식, 박재영, 송준섭, 이영현, 강샘이 작가 염문경, 공민정, 정슬기, 이영주, 유유정 AD 이성화, 김한진, 김선민, 김보라, 이규빈, 전원배(A.K.A 자이원배) FD 채정형, 김찬, 김우재, 염기영 편집 박재현 CG 한세진, 김영은, 홍민호 특수편집 송인회, 이지은 색보정 김성욱, 신지현 자막 김용남, 최예은, 김현희, 조유미 음악 및 음향 심보송(음악효과), 김은비(음향효과), 노신영&박준영(타이틀) 세트 및 소품(A.K.A 대장장이 특공대) 안현정(세트), 정희영(소품), 씨스아트(펭수 의상 및 소품) 촬영 '레드렉' 최일권, 김재호, 임세아, 이제승, 장문기, 이준우 타이틀 촬영 임형은, 김제범, 전준우 동시녹음 '사운드코리아' 이현권 홍보 정솔, 박태규, 김미파, 김정호 사업 김준석&이진수&김연희(광고 및 협찬), 윤성민&강래은(상품), 유승현(행정) 디자인 한결(핵임 디자이너), 이순승(디자인 보조) 펭TV&브랜드 스튜디오 총괄 팀장 권혁미 출연 물범 외 다수 그리고 펭수

'쟁클럽', '쟁러뷰' 같은 드립이 에피소드에 활용될 정도로 인기가 대단하다. 일상 속에서도 팬덤을 실감하나.
펭수가 유명하니까 나도 덩달아 알아보시는 경우가 있기는 하다.

너무 겸손한 거 아닌가. 온라인에서 본인 팬덤 검색도 해보는지?
어우, 당연히 검색해본다. 박재영, 구매현피 이런 거. 근데 요샌 뭐 안 올라온다.(웃음)

장안의 화제 '금연' 편 얘기를 안 할 수 없다. 스스로를 그토록 내려놓은 전후 사정을 들려달라.
10살 펭수를 데리고 금연이라는 아이템을 대체 어떻게 살릴까 싶더라. 10살은 어쩌면 담배가 뭔지도 잘 모를 수 있는 나이인데. 고민 끝에 펭수에겐 PD 역할을 맡기고 성인인 내가 담배 역할을 맡으면 연결이 좀 더 매끄럽겠다는 결론에 다다랐다. 그리고 내가 담배 분장을 하면 조회수도… 조회수에 눈이 멀어서.(웃음) 하지만 화제성에 비해 조회수가 생각보다 높지 않아서, 다음엔 요다 분장이라도 해야 하나 고민 중이다.

조회수, 시청자 반응은 늘 숙제일 텐데. 모니터링은 어떤 식으로 하고 있는지?
원래는 에피소드 방영 직후 3시간 정도 유튜브 댓글도 보고 각종 인터넷 커뮤니티 반응도 보는데, 요새는 좀 줄여야 하나 생각한다. 물론 사람들의 관심을 받는 건 참 감사한 일이다. 특히 EBS 프로그램에 이렇게 많은 분들이 즉각적으로 피드백을 준다는 건 정말 전례가 없는 일이니까. 하지만 자칫 다른 의견에 휩쓸려 중심을 잃게 될까 염려되기도 한다. 연차가 낮은 지금은 내 스타일을 찾아서 최대한 다양한 실험을 해보고 많이 넘어져봐야 할 시기인데, 넘어질 때마다 피드백을 받는다는 건 생각보다 정말 쉽지 않은 일이더라.

정말 강하게 클 수밖에 없는 환경이다. 어떤가? 실제로 자이언트 펭TV에서 일하면서 스스로 성장하고 있다고 느끼는지?
성장보다는 부족함을 더 크게 느끼는 것 같다. 좀 호되게 혼난 느낌이랄까. 대학생 시절 뉴미디어 업계에서 일한 경험도 있고, EBS 입사하자마자 모바일 채널에서 일하면서 나름의 성과도 냈다. 그때까지만 해도 '나 좀 직업 잘 찾은 거 같아' 이랬는데, 자이언트 펭TV 와서 완전 박살이 났다. 각본 없이 찍다 보니까 현장 변수도 많고 미리 계산한다고 되는 게 아닌 부분도 너무 많다. 그래서 지금은 구르는 게 답이구나 싶어서 그냥 무작정 구르는 중이다. 인플루언서도 불러봤다가, 스튜디오에서도 찍어봤다가 하며 안 해본 걸 계속 시도해보고 있다.

아직은 달릴 때

박재영
자이언트 펭TV PD   Program Director

펭수와 기막힌 케미를 선보이는 구 매니저이자
펭수와 기막힌 에피소드를 찍고 싶은 현 PD.
원년 매니저의 '짬'과 새내기 PD의 '진정성'이 만나
촉발시킬 빅뱅을 꿈꾸며 그는 오늘도 달린다.

"각본 없이 찍다 보니까 현장 변수도 많고 미리 계산한다고 되는 게 아닌 부분도 너무 많다. 그래서 지금은 구르는 게 답이구나 싶어서 그냥 무작정 구르는 중이다. 인플루언서도 불러봤다가, 스튜디오에서도 찍어봤다가 하며 안 해본 걸 계속 시도해보고 있다."

본인이 연출한 에피소드 가운데 "이건 한 번 더 봐주세요"라고 요청하고 싶은 게 있다면?
'파자마 어워드!' 노력을 기울인 데 비해 조회수가 안 나와서 마음이 아팠다. 자이언트 펭TV를 오래 봐온 분들이라면 재미를 느낄 만한 요소가 깨알같이 들어 있는 에피소드인데, 반면 짧은 시간 안에 너무 많은 걸 우겨 넣은 게 패착인가 싶기도 하고. 또 하나, '잔소리' 편도 있다. 어떡하면 펭수를 띄울 수 있을까 엄청 고민하던 시기에 포맷이나 캐릭터적인 면에서 새로운 걸 시도하며 찍은 거다. 그래서 기존 자이언트 펭TV와는 톤도 매우 다르고, 전하려는 메시지도 아주 분명하다.

평소 재충전은 어떻게 하는지?
먹는 걸로.(웃음) 자이언트 펭TV 초반의 나를 보면 항상 부어 있는데 부기의 9할이 엽기떡볶이 순한 맛이다. 근데 자이언트 펭TV가 뜨고 난 후 '재영 PD는 항상 부어 있다'는 얘기를 듣게 돼 이제는 샐러드로 갈아탔다. 샐러드도 좋아한다.

'파자마 어워드' 베스트 커플상 수상에 빛나는, 펭수와 뛰어난 케미를 자랑한다. 케미를 잘 맞추는 비법이 따로 있나?
그냥 서로 감정을 감추지 않고 드러내는 걸 팬분들이 재미있게 봐주는 거 같다. 귀찮을 땐 귀찮게 쳐다보고, 귀여울 땐 귀엽게 쳐다보고. 그리고 아무래도 제일 오래 같이 티격태격해온 사이니까 편한 건 사실이다, 카메라 앞에서는. 뒤에서는 뭐.(웃음)

둘 사이 케미에 'OO케미'라고 이름을 붙인다면?
굳이? 더 엮이고 싶지 않다.(웃음) 지금 정도가 좋다.

서로 점점 더 닮아간다는 말도 있다. 사랑해서 자꾸 닮아간다고.
사실 제일 닮은 건 이슬예나 PD 님 아닌가? 눈도 땡그랗고. 예나 선배 본인도 아마 알 거다.

'매니저 사관학교' 편에서 "박재영을 못 잊겠다"라는 질문으로 펭수의 진심을 테스트했는데. '펭수 네가 여기에 NO라고 할 수 있어?'라는 자신감으로 던진 질문인지?
구경 갔다가 잡혀서 얼떨결에 나온 거라 질문도 대본 없이 아주 즉흥적으로 했다. 뭐 아무래도 그런 마음이 없지는 않았다. 자이원배가 아무리 치고 올라와도, 임문식이 아무리 치고 올라와도.(웃음)

궁극적으로 펭수가 사람들에게 어떻게 기억됐으면 좋겠나?
클래식이 됐으면 좋겠다. 미키 마우스처럼, 70년 후에도 패션 브랜드와 콜라보 티셔츠가 나올 수 있는. 펭수가 잘해야지, 뭐.

마지막으로 펭수에게 한마디.
아주 가끔씩 오래 보자. 아주아주 가끔씩 오래 보자.(웃음) ◉

퇴사의 중심에서
펭수를 외치다

전원배
자이언트 펭TV 퇴사자·前 매니저   Ex-Manager

펭수 유니버스에 '퇴사'란 없다.
본인의 유튜브 브이로그 제목마저 '자이원배TV'로
붙인 '리콜 매니저' 전원배가 바로 그 산증인이다.

자이언트 펭TV 작가님들이 'EBS의 공효진'이라고 하더라. 그
만큼 인기가 많아서 출연 요청을 하려면 줄을 서야 한다고.(웃
음) 실제로 출연 에피소드를 본인이 고르는 입장인지?
전혀 아니다.(웃음) 다른 일 때문에 몇 번 출연을 고사했는데 그
걸 구실로 놀리는 거 같다. 시간 될 때는 최대한 나온다. 불러주
시는 것만도 감사한데 내가 뭐라고 튕기나, 아직 찾아줄 때 많
이 당겨야지.(웃음)

온라인상에 본인의 팬덤이 흥하던데. 이따금씩 검색해보는가?
딱히 찾아보지 않는데 오히려 내 친구들이 재미있다면서 자꾸
이것저것 찾아서 보내준다. 한번은 친구가 인스타그램에서 자
이원배 팬 계정을 발견해서 내게 공유해줬는데, 나중에 문득 생
각나 들어가보니까 내 친구들이 다 팔로를 하고 있더라.(웃음)

자이언트 펭TV에서 그야말로 버라이어티하게 활약해왔다. 전담 매니저에 민속촌 미친 미모, 자이원배, 남극참치, 원배 김, 개중 어떤 역할이 제일 힘들었는지?

원배 김 역할을 할 즈음에는 그동안 이미 한 게 너무 많다 보니 '이제 와서 이 정도야~' 싶었다. 민속촌도 얼떨결에 첫 출연이라 당황스럽긴 했으나 그래도 가만히 서 있기만 하면 됐다. 하지만 남극참치는 부담이 있었다. 무엇보다도 에이핑크 손나은 씨에게 너무 죄송해서.(웃음) 같은 그룹의 오하영 씨가 인스타그램에 펭수를 좋아한다고 포스팅하는 걸 보고, 혹시 남극참치 영상이 그분을 통해 손나은 씨에게도 전달되지 않았을까 걱정이 돼서 고개를 못 들겠더라.(웃음) 자이원배도 자이언티 씨 패러디였지만 그래도 비교적 못 볼 꼴은 아니었던 거 같은데.(웃음)

자이언트 펭TV와 함께 일한 경험은 본인에게 어떤 의미인가?

워낙 다양한 걸 하는 콘셉트의 프로그램이어서 조연출을 하는 동안 정말 다양한 경험을 직간접적으로 해볼 수 있었다. 자연스레 세상 보는 눈도 좀 더 넓어진 거 같고, 또 이제는 그 어떤 미션을 던져줘도 대응할 수 있겠다 싶다.(웃음) 내가 자이언트 펭TV에서 하는 일을 보고 주변에서 많이 놀라더라. "너 이런 것도 할 수 있는 사람이었어?"라고. 나도 몰랐다, 내가 이런 걸 할 수 있는 사람이었는지.(웃음)

지금은 대한민국 대표 퇴사자이자 취준생이 됐다.(웃음) 올해 초 취준생 역할로 국회 캠페인 영상도 찍었는데. 취준 근황이 궁금하다.

퇴사하고 나서 두세 달 정도는 그래도 좀 느긋하게 쉬면서 하자는 마음가짐이었는데, 새해 들면서 여러 곳에서 공채도 열리고 하니 취준생 특유의 불안감이 닥쳐오고 있다. 하하.

퇴사자이지만 계속 '리콜' 당하면서 펭수와의 인연을 이어가고 있다. 혹시 퇴사 전후 달라진 점은 없는지? 이를테면 펭수가 본인을 대하는 태도라든가.

내가 퇴사한 직후부터 펭수가 엄청 바빠졌다는 것 정도? 퇴사 시기가 '이육대' 에피소드 공개 시기와 딱 맞물리니까. 그런 외적인 상황 이외에, 펭수 자체가 크게 달라진 건 없는 듯하다. 원래부터 스타인 것처럼 행동하던 펭귄이었지 않나.(웃음)

첫 에피소드부터 펭수와 함께했던 사람들 중 한 명이다. 지금껏 가까이에서 지켜봐온 펭수는 어떤 펭귄인가?

정말 열심히 하는 펭귄이다. 영상에서도 그런 모습이 엿보이긴 하지만 사실 영상은 겨우 10분 남짓이지 않나. 거기 다 담기지 않은, 카메라 뒤에서 펭수가 쏟아내는 엄청난 열정과 노력이 있다. 곁에서 보다 보면 그런 점을 나 역시 좀 배워야겠다는 생각도 든다.

'매니저 사관학교' 편에서 했던 진심 테스트처럼, 만일 펭수의 진심을 물을 수 있는 기회가 본인에게 주어진다면 어떤 질문을 하고 싶나?

음, 이제 떴으니까 혹시 독립할 생각은 없는지. 와썹맨이나 워크맨처럼 채널 독립을 할 수도 있을 테고. 하지만 만약 실제 촬영에서 이 질문을 던졌다면 질문만 살고 답은 편집됐겠지?(웃음)

마지막으로 펭수에게 한마디 해준다면?

스타의 꿈을 안고 지구 반 바퀴 이상을 돌아서 여기까지 와 노력했는데, 성과가 나타나고 있어서 정말 기쁘다. 앞으로 해외까지 진출해서 영어 댓글도 잔뜩 달리고, 더 큰 스타로 발돋움했으면 좋겠어. 꾸준히 길게 사랑받자. 오래 가자. ☻

"워낙 다양한 걸 하는 콘셉트의 프로그램이어서 조연출을 하는 동안 정말 다양한 경험을 직간접적으로 해볼 수 있었다. 자연스레 세상 보는 눈도 좀 더 넓어진 거 같고, 또 이제는 그 어떤 미션을 던져줘도 대응할 수 있겠다 싶다."

태초에
펭덕필터가 있었다

최일권, 김재호
자이언트 펭TV 촬영감독(촬영팀 '레드렉' 소속) Director of Photography

펭수의 지난 1년을 카메라에 빼곡히 담아온 두 사람은 인터뷰 내내 마치 누가 누가 더 펭수를 사랑하는지 경연을 벌이는 듯했다. 이들에게 자이언트 펭TV는 어쩌면 '펭수 육아일기'의 다른 말 아닐까.

> " 문득 펭수 표정은 '같이 느끼는 거'란 걸
> 깨달았다. 우리가 웃고 있으면 펭수도 웃고,
> 반대로 펭수가 지칠 땐 우리도 지친 표정이고.
> 결국 펭수를 향한 우리의 애정이 답이다."
>
> by 재호

펭수의 첫인상은 어땠나?

일권 외모는 솔직히 비호감이었다. 눈이 왜 저래?(웃음)

재호 생김새는 사실 충격적이었다. 딱히 귀여운지도 모르겠고.(웃음)

카메라에 담기에 좀 부담스러운 외모였다는 뜻인가?

재호 일단 어디를 찍어야 될지 모르겠더라. 어디가 바스트야? 펭수를 기준으로 바스트 샷을 잡으면 옆에 선 사람은 목만 나오고.(웃음)

일권 '1번 카메라는 바스트 샷 담당, 2번 카메라는 웨스트 샷 담당' 이런 식으로 역할을 나눠서 촬영을 하는데 나중에 찍어온 걸 보니 1번이나 2번이나 그림이 다 비슷비슷한 거다. 바스트, 웨스트 기준이 애매하니까. 어깨도 없고.(웃음)

자이언트 사이즈는 정말 숙제였겠다. 이제는 촬영 노하우가 생겼을 텐데.

일권 투 샷, 스리 샷 개념에 구애받지 않고 찍는다. 여러 명이 등장하는 장면은 샷이 좀 어정쩡하더라도 그냥 찍고, 나중에 펭수 원 샷을 한번 더 찍어서 둘을 이어 붙이면 아주 어색하진 않다.

재호 최대한 다양한 샷을 확보해야 한다. 그래서 펭수 혼자 나오는 장면이라도 카메라를 최소 4대 정도 붙여서 여러 각도로 찍는다. 액션캠도 같이 활용하고.

펭수 인상이 언제쯤 호감으로 바뀌었나?

일권 끼를 발산하면서부터 외모도 좀 귀여워 보이더라.

재호 카메라 앞에서도 잘하지만 카메라 꺼진 데서 보여주는 모습에 정말 반했다. 펭수 덕분에 촬영하면서 웃을 일이 엄청 많아졌다. 이 친구가 참 재미난 친구구나 싶어 호감이 생기고, 그때부터 펭수 표정 변화도 잘 보이더라.

카메라에 펭수 표정을 어떻게 담아내야 할지 고민이 많았을 텐데.

재호 초반에는 솔직히 고전했다. 그러다 문득 펭수 표정은 '같이 느끼는 거'란 걸 깨달았다. 우리가 웃고 있으면 펭수도 웃고, 반대로 펭수가 지칠 땐 우리도 지친 표정이고. 결국 펭수를 향한 우리의 애정이 답이다. 우리가 펭수를 낳고 키운 건 아니지만 꼭 자식 같은 느낌이라.

펭수가 슈퍼스타로 성장하는 데 기여했으니 키웠다고 볼 수도 있지 않나.

재호 혼자 컸다.(웃음) 자기가 잘해서 큰 거지.

일권 "다 제 덕입니다"라는 펭수 말이 어느 정도 맞다고 본다. 워낙 끼가 많아서 뭘 던져줘도 알아서 잘한다. 그걸 그대로 따라가면서 찍기만 해도 잘 나오고.

그런 모습이 카메라에 예쁘게 담긴 덕분에 결국 오늘의 펭수가 탄생한 것 아닌가. 펭수를 예쁘게 찍는 비결도 그렇다면 애정인가?(웃음)
일권 지금은 뭘 해도 예쁘다.(웃음) 뭘 갖다 붙여도 다 예쁘고 어디서 찍어도 다 예쁘다.
재호 진짜다. 현장에서 촬영 팀끼리는 인터폰으로 소통하는데, 펭수가 가끔씩 액세서리라도 바꿔 끼고 오는 날엔 인터폰에서 "펭수는 뭘 해도 귀엽네" 이런 얘기가 오간다.(웃음)

촬영감독으로서 펭수의 스타성을 평가한다면 100점 만점에 몇 점을 주겠는가.
일권 100점. 정말 놀랄 때가 많다. 펭수는 이런 것도 잘하는구나, 저런 것도 잘해, 못 하는 게 없네? 진짜 끼가 대단하다.
재호 부러워한 적도 많다. 와, 진짜 모든 걸 잘하는구나. 매력이 넘친다. 사람들이 좋아할 만하다.

두 분께 이렇게 극찬을 받고 있다는 거 본펭은 알고 있나.
재호 알 거다.
일권 말은 안 했는데, 알 거다.

자이언트 펭TV 제작진과 1년째 합을 맞춰오고 있다. 협력자이자 외부자의 시선으로 봤을 때, 자이언트 펭TV 팀이 성공할 수 있었던 이유는 무엇이라 생각하는지.
일권 사람들이 참 밝다. 심지어 촬영이 지체되거나 다급한 상황에서조차도 항상 웃음을 잃지 않는다. 그런 분위기 속에서 모두들 스트레스 받지 않고 신나게 일하니까 좋은 결과가 뒤따르는 건 당연하다.
재호 프로그램 특성상 즉석에서 만들어내는 장면이 많은데 이때 현장의 모든 연출진, 제작진이 의견을 내고 채택된 아이디어는 바로 반영된다. 그렇게 포맷적으로도, 제작 환경적으로도 얽매여 있지 않으니 마치 만화책 읽듯 술술 넘어가는 자이언트 펭TV 특유의 재미가 생겨나는 것 같다.

앞으로 펭수와 찍어보고 싶은 게 있다면?
일권 개인적으로는 펭수 노래 메들리나 뮤직비디오를 진짜 제대로 찍어보고 싶다. 펭수가 이 정도 자리까지 왔으니 근사한 영상이 하나쯤은 있어야 하지 않나. 오로지 펭수만을 위해서, 진짜 멋있게 찍어주고 싶다.

펭수가 궁극적으로 사람들에게 어떻게 기억됐으면 하는지.
일권 편견 없이, 차별 없이 바라볼 수 있는 생명체. 그저 '펭수는 펭수'라고 기억됐으면 좋겠다.
재호 <드래곤볼>의 손오공이나 <슬램덩크>의 강백호처럼 기억됐으면 좋겠다. 천방지축인데 미워할 수 없는 존재, 누구나 알고 있고 누구나 재미와 추억을 느끼며 떠올릴 수 있는 존재가 되길 바란다.

마지막으로 펭수에게 한마디 부탁한다.
일권 펭수야 오래 가자. 오래오래 함께 가자.
재호 같은 마음! ☺

"개인적으로는 펭수 노래 메들리나
뮤직비디오를 진짜 제대로 찍어보고 싶다.
펭수가 이 정도 자리까지 왔으니
근사한 영상이 하나쯤은 있어야 하지 않나."

by 일권

잘 쓰는 게 혁신이야

자이언트 펭TV의 깨알 디테일부터 빅 픽처까지 모두
관장하는 카메라 뒤 '보이지 않는 손'이자 '숨겨진 브레인'.
작가들과의 만남은 과연 자이언트 펭TV가 200만 구독자를
사로잡은 비결을 엿보는 시간이었다.

염문경, 공민정
자이언트 펭TV 작가

Writer

염문경

'다목적 프리랜서 배우'로 인터넷에 소개돼 있더라. 실제로 경력이 후덜덜하던데.
기분상 그리 오래된 거 같지 않은데 햇수로 벌써 7~8년째다. 그동안 했던 연극이나 영화 작품 수가 좀 될 뿐 별로 후덜덜한 건 아니다.

연기 선배로서 펭수의 연기를 평가한다면? 그리고 펭수가 연기에서 가장 잘 표현하는 감정은 무엇이라 생각하는지?
하하, 훌륭하기 때문에 EBS 연습생이 된 거고 갈수록 더 느는 것 같다. 그리고 펭수가 강한 연기는 분노와 슬픔? 거의 정극 배우네, 최민식 배우에 가까운가?(웃음)

영화 <천문> 오디션에서의 연기는 어떻게 봤나.
허를 찌르는 콘셉트가 굉장히 영리했다. 오디션에서는 심사위원의 혼을 빼놓는 게 중요하니까. 배우로서 본다면 펭수는 굉장히 자유로운 배우, 애드리브에 강한 배우 같다.

원래부터 연기 활동과 글쓰기를 병행해온 건가?
사회 나온 후 첫 직업은 배우였고 한동안 배우 일만 했다. 하지만 워낙 수입이 일정치 않고 기다림도 긴 직업이라 알바가 필요

했던 찰나 마침 아는 선배가 보조작가 자리를 제안해왔다. 평소 개인 페이스북에 이런저런 글을 열심히 쓰는 편인데 아마 그걸 보고 연락한 것 같다. 그렇게 처음으로 본격적인, 돈 버는 글쓰기를 시작했고 지금은 자이언트 펭TV와 더불어 몇몇 작가 일을 겸하고 있다.

앞으로도 어느 쪽이든 전천후로 해나가는 것이 목표인가?
그러고 싶다. 실은 지금도 연기가 제일 재미있다. 글은 스스로를 짜내는 거라 가끔은 고통스럽다. 물론 글쓰기가 더 좋을 때도 있다. 배우가 다른 사람의 이야기 안에서, 그 사람의 메시지를 잘 전달하는 역할에 국한된다면 작가는 자기가 하고 싶은 이야기를 직접적으로 할 수 있으니까. 아마 그래서 알바로 시작한 이 일에 점점 더 재미와 매력을 느꼈나 보다.

자이언트 펭TV 특유의 재미있는 자막을 쓰기 위한 노력에 대해 듣고 싶다.
생각보다 굉장히 오래 걸린다. 장면 장면을 초 단위로 멈춰놓고 '여기서 어떤 드립을 쳐야 웃길까?'라는 고민을 끝도 없이 하는 작업이다. 한편 내가 쓴 내용을 대부분 고스란히 내보낸다는 점에서 색다른 재미가 있다. 구성 대본은 아무래도 연출진이나 펭수의 재량에 따라 내용이 많이 바뀌기도 하니까.

펭수가 폭발적인 인기를 얻는 데는 펭수 짤 그리고 짤 안의 깨알 같은 자막이 큰 몫을 했다. 자막을 직접 쓴 사람으로서 솔직히 본인의 공로는 어느 정도라 판단하나.

뭐 다들 속으로는 '내가 안 했으면 망했지~'라고 생각하면서도 겉으로는 '정말 우리 제작진 대단하고~ 펭수 대단하고~' 하는 거지.(웃음) 다 함께 힘을 합쳤기에 가능했던 결과물인 건 확실하지만, 동시에 각자 스스로에 대한 인정 욕구가 조금씩은 있는 게 당연하지 않나. '내가 더 돋보여야 할 텐데'라면서 팀워크를 흐트리는 것만 아니라면 뭐.

자이언트 펭TV 안에서 작가의 역할은 어디까지인가.

처음부터 마지막까지 모두 다 관여한다. 다만 자이언트 펭TV는 장르상 예능에 가깝다 보니 작가가 자기 목소리를 전면에 내기보다는 조목조목 디테일하게 개입하면서 서포트하는 식이다. 예능 프로그램에서는 특히 이런 작가의 역할, 즉 전체를 보면서 세부적인 조율도 해나가는 역할이 정말 중요하다는 걸 나도 이번에 새로 배웠다. 나도 예능은 처음 해보는 거라.

본인이 담당한 에피소드 댓글 가운데 특히 기억에 남는 게 있다면?

'고민상담소' 편의 댓글을 전부 다 좋아한다. 사실 펭수는 이 에피소드를 조금 부담스러워했었다. 고민을 해결해주고 싶은 진심과 달리 방송에서는 결국 피상적인 말밖에 해줄 수 없을 것 같아서였다. 그래도 '따돌림은 당신의 잘못이 아니다' 같은, 내가 해주고 싶던 말을 펭수를 통해 꼭 전하고 싶었고 그 마음이 가닿았는지 위로를 많이 받았다는 댓글이 여럿 달렸다. 그래도 내가 작가로서 어떤 걸 전하고 있구나, 하는 뿌듯함과 자기 충족감을 느꼈다.

만약에 본인이 펭수의 고민상담소에 의뢰를 한다면 무엇을 상담하겠나.

'거절 잘하는 방법'을 묻고 싶다. 펭수는 거절을 잘하니까.(웃음) 아마 그냥 거절해도 된다고 하겠지? "거절해서 싫어하는 사람은 원래도 싫어할 거예요" 같은 말을 하지 않을까.

"펭수가 늘 거침없이 행동하는 것 같지만 사실 잘 들여다보면 약자의 입장에 있는 사람들에겐 항상 조심스럽고 정중하다는 걸 알 수 있다. 재미 유발하는 데 급급해서 선을 넘고 막 나가는 크리에이터가 아닌 것이다. 지금껏 잘해왔듯 앞으로도 균형을 잘 잡는, 따뜻한 펭귄이 되었으면 좋겠다."

by 문경

자이언트 펭TV 작가로서 펭수를 높이 사는 부분이 있다면?

'강강약약'이다. 펭수가 늘 거침없이 행동하는 것 같지만 사실 잘 들여다보면 약자의 입장에 있는 사람들에겐 항상 조심스럽고 정중하다는 걸 알 수 있다. 재미 유발하는 데 급급해서 선을 넘고 막 나가는 크리에이터가 아닌 것이다. 지금껏 잘해왔듯 앞으로도 균형을 잘 잡는, 따뜻한 펭귄이 되었으면 좋겠다.

마지막으로 펭클럽에게 하고 싶은 말.

좋아하고 사랑해주시는 여러분의 마음이 우리에게 다 전해지고 있다고, 거기에 힘을 받아 나를 비롯해 제작진이 모두 한 걸음씩 나아가고 있다고, 정말 감사하다고 꼭 말씀드리고 싶다.

공민정

YTN 인터뷰 전문 작가라는 이력이 특이하다. 자이언트 펭TV와는 전혀 다른 톤의 일인데.

인터뷰 전문 작가는 사실 취준 시기에 했던 아르바이트였다. 이후로 교양, 다큐멘터리, 모바일 채널 등 다양한 영역을 거쳐 자이언트 펭TV로 왔다. 세상을 나만의 관점으로 바라보는 게 인터뷰인데, 그런 점은 자이언트 펭TV도 비슷하다고 생각한다. 펭수를 통해 우리가 살고 있는 세상을 다시 보게 되고 또 궁금해하게 되지 않나.

작가가 된 계기가 궁금하다.

어릴 적부터 '좋은 이야기를 만드는 사람'이 되고 싶었다. 학창 시절에는 시험지 뒤에 만화를 그리거나 전자사전에 반 친구들을 주인공으로 소설을 써서 보여주면서 재미있게 지냈다. 이후 대학에 진학하고 방황을 좀 하다가, 방송작가가 어릴 적 꿈꾸던 일과 가까운 것 같아 시작하게 됐다.

펭수의 성공 요인을 분석할 때 빼놓을 수 없는 것 중 하나가 자이언트 펭TV만의 촌철살인 자막의 힘이다. 그 자막을 직접 써온 장본인으로서, 본인의 공헌도를 측정한다면 솔직히 몇 점을 주고 싶나?

정말 어려운 질문이다.(웃음) 어쨌든 "눈치 챙겨"는 펭수가 말한 것을 옮긴 게 아니라 내가 고유하게 창작한 자막이다.

자막 때문에 드립을 계속 치다 보면 일종의 직업병처럼 습관화될 것 같은데. 실제로 일상생활 속에서도 드립을 많이 치는 편인가.
그렇다. 원래도 친구들이랑 드립을 많이 치는 편이다. 그 패턴이 자이언트 펭TV로도 이어지는 거 같다.

드립의 '감'을 유지하는 비결이 있을까?
20대 초반을 겨냥해서 발행되는 뉴스레터 같은 걸 많이 받아본다. '아, 이런 드립이 있구나' 하고 새롭게 알 수 있고 또 20대 초반의 재미 포인트가 무엇인지도 파악할 수 있다.

내가 쓴 에피소드 가운데 '조회수와 상관없이 이건 레전드야'라는 편을 꼽아본다면?
레전드인지는 모르겠지만 개인적으로 진짜 좋아하는 건 '고3 어택' 편이나 '첫 데이트' 편 같은 수능 관련 에피소드다. 새로운 시작의 경계에 있는 사람들이 펭수에게서 직접적으로 힘을 얻는 모습을 보는 게 좋아서 찍는 동안 너무 행복했다.

댓글 반응을 볼 때는 어떤 부분을 중점적으로 체크하는지?
사람들이 펭수의 어떤 점에 공감하거나 위로를 받는지 살핀다. 또 내가 의도한 부분이 의도대로 받아들여지고 있는지도 확인한다. 이를테면 웃었으면 해서 넣은 장치에 사람들이 실제로 웃고 있는지를 보는 거다. 물론 의도와는 전혀 다른 반응, 웃겼으면 해서 넣었는데 울컥한다는 댓글이 달리기도 한다. 이런 건 예측할 수 있는 범주가 아닌 것 같다.

특별히 기억나는 댓글이 있다면?
'새 연습생' 편의 댓글들이다. 여러 번 봐도 재미있다는 반응이 많아서, 그리고 내가 의도했던 웃음 포인트에 다들 크게 웃어준 거 같아서 뿌듯했다. 사실 이 에피소드 자체를 좋아한다. 자이원배라는 독보적인 인물이 여기서 탄생했기 때문이다.

직접 출연도 했던 에피소드다. 펭수가 '찹쌀떡송'으로 대결을 펼치는 걸 보며 엄청 부끄러워하던 모습이 인상 깊었다. 본인이 쓴 대본일 텐데 저렇게까지 수치스러나 궁금해지더라.(웃음)
하하, 프로 래퍼를 앞에 두고 찹쌀떡 랩을 시키는 상황이 너무 웃기고 죄송해서 그랬던 거 같다.

만약 제작비에 제한이 없다면 펭수와 무엇을 찍고 싶나.
펭수에겐 음악 천재적인 면이 있다고 생각하기 때문에 노래를

> " 개인적으로는 펭수가 솔직할 때가 좋다.
> 못 할 거 같을 땐 못 하겠다고 말하는 게 좋다.
> 그리고 '하나부터 열까지 제가 다 해야 합니까?'라고 했던 게
> 나중에 생각해보니 참 귀엽더라.
> 펭수도 부담감을 더 내려놓았으면 좋겠다. "
>
> by 민정

시키되 프로듀싱을 엄청나게 유명한 분들과 해보고 싶다. 아, 그러려면 제작비가 천문학적인 액수가 나오지 않을까.

자이언트 펭TV 작가가 아니라 한 사람의 직장인이자 어른으로서 볼 때 펭수의 매력은 무엇인가. 무엇이 그를 '직통령'으로 만들었을까.
개인적으로는 펭수가 솔직할 때가 좋다. 못 할 거 같을 땐 못 하겠다고 말하는 게 좋다. 그리고 '하나부터 열까지 제가 다 해야 합니까?'라고 했던 게 나중에 생각해보니 참 귀엽더라. 펭수도 부담감을 더 내려놓았으면 좋겠다.

펭수한테 위로를 받을 때도 있나?
귀여운 행동을 할 때 위로를 받기도 하는데, 사실 어떤 행동이나 말을 해서라기보다는 그저 이 엄청 커다랗고 폭신폭신한 생명체가 열심히 살려고 하는 모습 그 자체가 따뜻하게 다가온다.(웃음) 잘 먹고 잘 놀면 귀엽다고 뭐든 생각하는 편이라.

마지막으로 펭수에게 진솔한 한마디 부탁한다.
너무 잘하지 않아도, 좀 못해도, 모두 사랑해줄 거니까 너무 힘들어하지 않았으면 좋겠어. 안 힘들 수도 있겠지만.(웃음) ◉

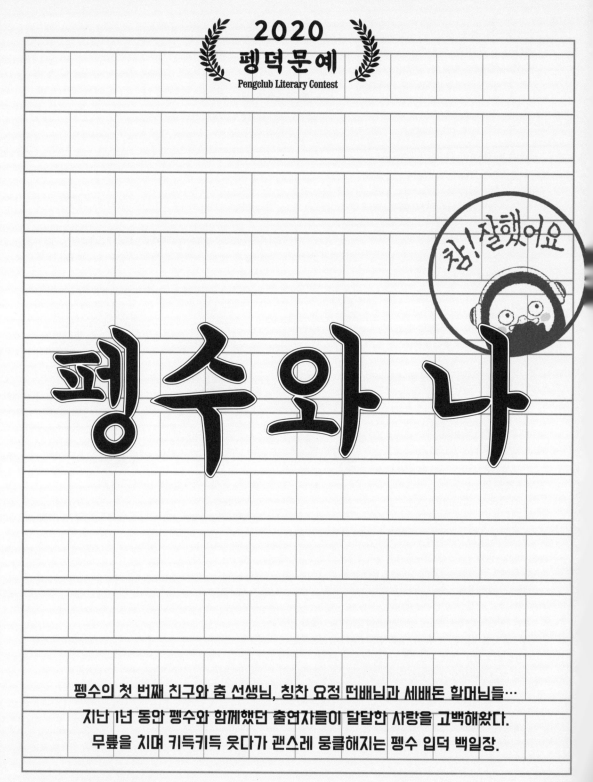

2020
펭덕문예
Pengclub Literary Contest

참! 잘했어요

펭수와 나

펭수의 첫 번째 친구와 춤 선생님, 칭찬 요정 떤배님과 세배돈 할머님들…
지난 1년 동안 펭수와 함께했던 출연자들이 달달한 사랑을 고백해왔다.
무릎을 치며 키득키득 웃다가 괜스레 뭉클해지는 펭수 입덕 백일장.

25 x 14   340 x 225mm

펭수사

이행시 부문 ✏️

Pengclub Literary Contest

장원

임민해(펭수의 댄스 선생님)

펭	펭	수	의		춤	은			
수	수	웩	~	!					

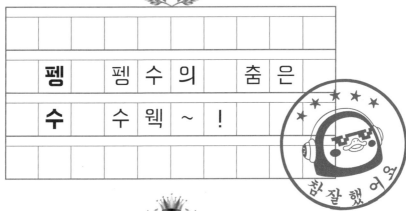

참 잘했어요

우수상

최용대(펭수의 칭찬요정)

펭	펭	수	야		너	는		주	문	을		외	우	며		뱅	뱅
	돌	면	서		변	신	도		잘		하	더	라
수	수	리	수	리		마	수	리		요	술	을		부	려	서		못	된
	코	로	나		바	이	러	스	를		확		날	려	다	오	!

참 잘했어요

우수상

이원영(찐 펭귄 감별사)

펭	펭	씨		중	에		최	고	는		펭	수
수	수	많	은		펭	권	을		봤	지	만		펭	수		같	은
	아	이	는		처	음	이	야	!

참 잘했어요

첫 친구
그리고 펭생친구

박근원

펭수를 처음 봤을 때는 펭귄인지 의심이 됐다. 키도 너무 큰 데다, 노래도 잘하고 랩도 잘하니까 아무래도 이상했다. 그런데 그 뒤로 계속 만나다 보니 의심이 풀렸다. 펭귄 같고, 이런 펭귄도 있겠다 싶어졌다.

원래는 학교 공부하면서 평범하게 지냈는데 펭수와 친구가 되고 나서는 약간씩 변화가 생긴 것도 있다. 일단 부모님이 변했다. 열심히 해서 자이언트 펭TV에 계속 출연하라고 한다. 펭수 실제로 만나면 어떠냐고 묻거나 자기도 자이언트 펭TV에 출연시켜달라고 하는 친구들도 생겼다. 무엇보다 근거 없는 자신감이 생긴 거 같다. 촬영을 하거나 인터뷰할 때 특히 그렇다.

만날 때마다 펭수가 잘 챙겨줘서 고맙다. 촬영 끝나고 나면 열심히 했다고 칭찬도 잘 해준다. 그래서 자이언트 펭TV를 더 열심히 보게 되고 특히 '펭수쇼'는 맨날 본다. 마인크래프트 웹 디스플레이 모드를 펭수쇼로 해놓고 게임한 적도 있다. 펭수 스케줄이 꽉 찼다고 하는데 앞으로도 흥미를 가지고 열심히 해보라고 얘기해주고 싶다. 예전에 "너무 자만한다"고 얘기했는데 생각해보니 항상 자신감을 가지는 것이 좋은 거 같다. 그리고 마지막으로 데뷔 1주년을 축하한다는 말을 해주고 싶다.

박근원 어린이
EP.1 펭수, 학교 가다! 외 다수 출연

No. 2

펭수와 함께
나답게 살기

김 신 재

'방송에서 보던 거랑 똑같다'. 펭수와 촬영하면서 했던 생각이다. 엄청 큰 덩치나 생김새도 그렇지만 무엇보다 행동이 카메라 앞에서나 뒤에서나 똑같았다. 눈치 보지 말고 나답게, 당당하게 살라는 게 빈말이 아니구나 싶었다. 그래서 펭수가 '인개 사원'이 아니라 '무려 사원'이라고 버럭 했을 때 더 진정성 있게 다가온 거 같다. 취업을 준비하면서 '사회생활 하려면 불편하게 느껴져도 그러려니 하고 넘어갈 줄 알아야 한다'는 얘기를 많이 들어왔고 언젠가부터 나 자신에게도 그런 기준을 적용해왔다. 하지만 이제는 스스로를 낮추는 이야기에 덜 흔들려야겠다고 생각한다. 물론 현실적으로 그걸 펭수만큼 거침없이 표현하기는 힘들겠지만 말이다.

그날 '열심히 하기 때문에 오늘 같은 기회가 있는 거다'라는 펭수의 한마디에 위로를 받았다. '내가 아직은 잘 해내고 있구나'라는 생각이 들어서였다. 에피소드에 달린 댓글에서도 응원을 진짜 많이 받았다. 덕분에 기대에 부응하고 싶어서 괜히 더 열심히 하게 된다. 펭수에게도 '늘 지금처럼만 하면 충분할 거야'라는 얘기를 해주고 싶다. 그리고 앞으로 더 많은 사람들에게 희망을 줬으면 좋겠다. 같이 취준하시는 여러분도 언젠가는 날 알아봐주는 사람이 나타날 거라 생각하고 열심히 버텼으면 좋겠다. 하다 보면 빛 들 날 올 테니까, 끝까지 가는 게 이기는 거니까, 파이팅!

김신재 청년
EP.86 펭수에게 전수받는 면접 100% 통과 노하우 출연

16 x 25 170 x 225mm

어느 길 위에서든 펭수처럼!

김훈희

펭수가 내 눈앞에 있다니! 믿기지 않고 너무나 들떠서 내내 속이 울렁거렸다. 펭수가 떠먹여주는 스파게티를 먹으면서도 체할 거 같은 느낌이었다. 다행히 나중에 펭수가 챙겨준 매실차를 마셨더니 속이 편안해졌다. 정말 배려 넘치는 선물이었다. 재수하는 동안 친구들과 어울리기 쉽지 않고 또 스트레스도 받다 보니 아무래도 우울했다. 하지만 펭수를 만난 후로는 엔도르핀이 돌면서 추진력이 생겨 그런 기분이 많이 사라졌고 더 긍정적인 마인드로 공부할 수 있었다. 펭수는 처음부터 끝까지 예의 바르고 응원도 열심히 해준, 너무나 고마운 친구다. 펭수를 만나는 것만 해도 엄청난 행운이었는데 존경하는 정승제 선생님까지 오셔서 정말 깜짝 놀랐다. 선생님이 해주신 말씀 하나하나가 아직도 가슴에 남아 있다. 비록 현실이 마음 같지는 않아서 지금은 수학이 아닌 다른 전공을 택해 입학했지만, 꿈이 멀어진다는 건 한편으론 다른 길이 열린다는 뜻이라고 생각한다. 어느 길 위에서든 펭수처럼, 하루하루 최선을 다하리라 다짐해본다.

김훈희 학생
EP.62 인간x펭귄 두근두근 첫 데이트 출연

넌		타	고	난		댄	스		천	재	야	.			
내	가		봤	어	!	!									
												임	민	해	

"네? 펭수한테 샤바춤을 알려줄 수 있냐고요?" 9월의 어느 날, 자이언트 펭TV 작가님으로부터 전화를 받았을 때 나는 잠시 귀를 의심했다. 나에게 풀댄스라 춤을 배우는 이솔에나 PD님과 공민정 작가님 덕분에 펭수를 알고는 있었지만, 10살짜리 펭수가 트로트에 맞춰 샤바춤을 춘다고? 솔직히 그 모습이 잘 그려지지 않았다. 반신반의하며 펭수가 고른 노래에 맞춰 안무를 준비했다. 며칠 뒤, 실제로 본 펭수는 생각보다 '자이언트'한 모습이었다. 키가 2m 10cm인 것은 알고 있었지만 정말 크구나, 이렇게 큰 몸으로 샤바춤을 잘 소화할 수 있을까 걱정도 됐다. 먼저 실력을 보여달라고 하자 펭수는 자신감 있는 모습으로 바로 춤을 추기 시작했다. 마이클 잭슨이 돌아온 듯 현란한 스텝부터 방탄소년단이 생각나는 화려한 칼군무, 심지어 근사한 트월킹(!)까지. 짧은 시간 동안 꽤 많은 장르의 춤을 보여줬는데 보는 내내 감탄이 절로 나왔다. 스스로 만족스러웠는지 뿌듯한 몸짓으로 나를 바라보는 모습이 너무나 사랑스러워 펭수의 매력에 바로 빠져버렸다. 안무 수업이 시작되자 '댄싱 천재'라 불리는 펭수답게 모든 동작을 쉽게 따라 했고, 펭수만의 느낌으로 빠르게 소화했다. 확실히 펭수에게서만 느낄 수 있는 매력적인 움선이 있었구나! 커다랗고 동그란 몸과 짧은 팔, 가늘고 긴 다리의 펭수는 본인이 가진 흥과 매력을 최대치로 발산할 줄 알았다. 커다란 몸 덕분에 언제 어디서 어떤 춤을 춰도 눈에 확 들어오는 효과가 있는 것도 매력 포인트. 리듬감에 가장 중요한 업다운이 어려울 거라 생각했지만 펭수는 커다랗고 동그란 몸을 꾸깃꾸깃 접어가며 놀낮이를 만들어냈다. 쉴 새 없이 날개를 현란하게 흔들고 여러 가지 스텝라 점프를 하며 춤에 화려함도 더했다.

팔을 위로 쭉 뻗는 동작을 알려줄 때 걱정되는 마음에 "펭수는 팔이 조금 짧아서 이게 어려울 수 있는데…"라고 얘기하자 펭수가 발끈했다. "지금 저 무시하는 곱니까?! 저 팔 되게 깁니다?! 보십쇼!?" 팔을 휘적거리며 나를 따라 하는 모습에 한번 더 심쿵. 여러 번 같은 춤을 연습하다 보면 지칠 텐데도 헷갈리는 부분을 바로 짚어내는 모습을 보며 '곧 스타가 되지 않을까?'라는 생각이 들었는데 '펭수쇼' 당일 확신했다. 내내 긴장하던 펭수는 무대에 올라가자마자 우주대스타의 면모를 뿜어냈다. 연습 때보다 훨씬 춤을 잘 춘 것은 물론 화려한 개인기까지 선보이며 완벽한 무대를 만들어냈다. 펭수가 남극에 가서 쇼를 한다면 그 열기에 빙하가 모두 녹아버릴 것 같다는 생각이 들 정도로 핫하고 열정적인 무대였다. 이후 만날 때마다 펭수의 춤 실력은 발전하고 있다. 나의 첫 펭귄 수강생 펭수, 넌 타고난 춤신춤왕이야. 내가 인증할게!

펭수의 댄스 선배 임민해 선생님
EP.51 펭수쇼 출연

16 x 25   170 x 225mm

남극에서 온 찐 펭귄, 펭수와의 봄날

이원영

펭수를 처음 만난 건 2019년 4월이었어요. 벚꽃이 날리기 시작했지만 아침저녁으로 차가운 바람이 불고 있었죠. EBS 작가님께 연락을 받고 어떻게 하면 아이들에게 꿈과 희망을 주는 이야기를 해줄까 고민했어요. 그런데 웬 커다란 펭귄이 뽀로로와 함께 저를 찾아온 거예요. 세상에, 펭수와 뽀로로는 저에게 누가 진짜 펭귄인지 승자를 가려달라고 부탁했어요. 그때까진 펭수가 사람들에게 거의 알려져 있지 않았어요. 사실 뽀로로가 훨씬 유명했죠. 자이언트 펭TV 유튜브 구독자 수가 너무 적길래 측은한 마음에 구독을 눌러줬습니다.

그런데 가까이서 본 펭수는 찐 펭귄이었어요. 목소리부터 남달랐습니다. 어린이 프로그램에 나올 것 같지 않은 깨방정 톤의 펭귄 소리를 냈어요. 남극에서 듣던 그 시끄러운 소리 그대로였습니다. 몸통은 회색 깃털, 얼굴은 희고 머리엔 검은색 무늬. 남극에서 관찰했던 1년생 황제펭귄의 모습이었습니다. 남극에서만 보던 펭귄이 제 눈앞에 와 있었던 거예요. 게다가 이 녀석은 역시 펭귄답게 숨을 아주 오래 참았어요. 잠수 동물인 펭귄에게 반드시 필요한 능력이죠. 펭수는 극지연구소 상황실에 있는 장보고 과학기지 영상을 보고는 고향을 그리워하며 엉엉 울었습니다. 하지만 뽀로로는 파란색 털에 노랗고 짧은 부리. 보통 펭귄이 가진 외형이 아니었어요. 게다가 꼬리도 없고 안경에 헬멧까지 쓰고 있어서 아무리 봐도 펭귄이라고 하기는 어려웠어요. 고향이 어디인지도 알 수 없었죠. 남극에서 비행기를 타고 스위스를 거쳐 인천 앞바다까지 헤엄쳐 온 찐 펭귄에게 승패 여부는 처음부터 중요치 않았어요. 대신 4월 25일 '세계 펭귄의 날'을 맞이해 우리 모두 펭귄을 생각하며 지구를 살리자고 훈훈하게 마무리했죠.

그러고 보니 펭수와 만난 지도 벌써 1년이 되어가는군요. 그때를 떠올리며 사진첩을 뒤졌는데 안타깝게도 뽀로로와 찍은 사진만 저장되어 있네요. 이렇게 유명해질 줄 알았으면 같이 사진도 찍고 할 걸 그랬어요. 안타깝게도 제가 인재를 알아보지 못한 거죠. 하지만 저에겐 남극 펭귄을 한국에서 볼 수 있었던 즐거웠던 봄날이 아름다운 기억으로 남아 있습니다. 가끔 텔레비전에서 펭수를 볼 때면 마음속으로 응원합니다. 펭수야, 덕분에 사람들이 펭귄에게 큰 관심을 갖기 시작했어. 덕분에 나까지 섭외 전화가 많이 오고 있단다. 이런 기분 좋은 관심이 남극 펭귄을 보호하는 일에도 도움이 되었으면 좋겠다. 네 친구들은 지금 지구온난화 때문에 먹을 게 줄어들고 살 곳을 잃어서 힘겹게 살아가고 있어. 우리 함께 힘을 합쳐서 남극 기후변화를 막고 지구를 살려보자꾸나.

극지연구소 펭귄전문가 이원영 박사님
EP.8-1 뽀로로는 펭귄이 아니라고?! 출연

의젓하고 기특한 아우 펭수,
너무너무 칭찬해!

최용대

사랑스러운 아우, 펭수를 만난 뒤 얼마나 많은 인사와 연락을 받았던지! 지인과 가족들이 특히 좋아했다. 손녀딸이 날 연예인 보듯 신기해하며 애정 가득한 눈으로 바라볼 줄이야. 무엇보다 기쁜 건 우리가 하는 일을 많은 분들이 알게 됐다는 거다. 안전한 공항을 만들기 위해 항공기와 새가 충돌하지 않도록 새들을 이동시키고, 활주로 내의 이물질을 제거하는 등 보이지 않는 곳에서 꼭 필요한 일을 하고 있다는 걸 알리는 계기가 되어 고마웠다.

공항에 1일 교육생으로 온 펭수를 만난 건 뜻밖의 일이었다. 너무 커서 부담스럽지는 않을까, 펭귄인데 얘기가 잘 통할까, 내 일을 정말 도와줄 수 있을까 걱정이 많았는데 세상에! 만나자마자 그 귀엽고 사랑스러운 모습에 모든 걱정이 사라져버렸다. 하지만 내가 펭수에게 "이렇게 멋있는 동생은 처음"이라고 얘기한 건 외모 때문만은 아니었다. 겨우 열 살이지만 일하는 내내 맡은 바를 해내기 위해 최선을 다하는 성실함, 함께하는 동료를 대하는 반듯한 태도, 인간과 동물의 상생을 이해하는 똑똑함까지 갖춘 모습이 어쩌나 기특하고 대견하던지. 너무 기분이 좋아 끊임없이 칭찬을 할 수밖에 없었다. 펭수야, 사실 난 말야. 자이언트 펭TV의 새로운 에피소드 업로드를 손꼽아 기다리는 것도 모자라 너의 모든 활동을 꼼꼼히 찾아보는 왕팬이 되어버렸단다. 너처럼 훌륭한 동생을 만나서 행복했어. 지금처럼 많은 사람들에게 사랑받으며 너도 행복하렴. 다시 만나는 날까지 안녕.

KAC공항서비스 조류충돌방지 총괄 최용대 소장님
EP.75 펭력사무소_공항편 출연

16 x 25   170 x 225mm

No. 7

보	고	싶	은		손	자		펭	수	에	게		
								정	순	자		한	순	애
								이	이	분		심	경	분

손자 펭수 만난지 벌써 두달이 됐네 그동안 잘 방송 하고 있지?
손자 펭수하고 놀던 생각나서 이 편을 들었어, 방앗간에 가서
떡국도 만들고 만두도 만들어서 가마솥에 다가 끓어서
잘 먹었지 너무 재미 있었지. 이 가마솥 할머니는 손자 펭수가
어느날 또 올가 생각 하고 있어, 사랑하는 펭수 손자
잘 있어 이안 추신: 우리 손자 손녀 싸인 꼭 부탁해

정순자 할머니
EP.85 할머님들과 남극식 나이 먹어봤습니다 출연

펭수야 잘 지내고 있니? 너를 만난지 한 청됐구나 보고싶은 마음 애
이글을 써본다 펭수는 참고맙다 이 할머니도 생각 하개지
내가 8십먹고 나서 내 인생나도 모르게서 정말고맙다
할머니 하고 떡도 썰고 만두도 만들고 싸미 있어 써서 그리고
집 애오니 펭수 눈애 어른 거려요 펭수야 또 만나 자
참 보고 십구나 펭수 대박나 지라 안녕

이이분 할머니
EP.85 할머님들과 남극식 나이 먹어봤습니다 출연

사랑하는 펭수에게   No.   Date   .   .

펭수가 그 머나먼 곳에서 이할머니을 보라왔구나 펭수을 보니
이할머니는 황 금을 얻은것같구나 키도 훌쩍크고 예의도 바르고
할머니 한테 인정도 많고 너무 이쁘다 할머니는 니 손 꼭 잡고
방앗간 다녀온걸 평생 못 잊을거다 이렇게 행복 하게해줘서
고맙다 우리 펭수는 모든사람들이 우러러보는 아주 훌륭한
손자가 될거야 펭수야 건강 하거라 사랑한다 우리 펭수

한순애 할머니
EP.85 할머님들과 남극식 나이 먹어봤습니다 출연

PENPIA

나는 가마솥 할머니다 방송에서만 보던 펭수와 함께 촬영을 하여서
너무도 기뻤다 할머니는 펭수가 촬영장에 들어오는 모습이 너무 웅장하고
멋이 있어서 깜짝 놀랐지. 펭수는 예의 범절이 바르고 유머도 있고
말도 잘하는 영리한 학생 이었다 할머니 들에 마음을 기쁘게 해 주었지
할머니는 혼자 살아서 웃을 일도 별로 없었는데 펭수가 좋은 추억.
만들어 줘어서 참고맙다 앞으로도 몸건강 하고 여러 시민들에게
존경 받는 훌륭한 명 배우가 되거라 보고싶다 펭수 안녕~♡

심경분 할머니
EP.85 할머님들과 남극식 나이 먹어봤습니다 출연

찾아라!

눈을 크게 뜨고 찾아주세요 턴배님!
한국에서 보낸 지난 1년,
곳곳에서 포착된 펭수의 소중했던 순간들을.

펭수, 디 오리지널
PENGSOO, THE ORIGINAL

펴낸곳	EBS(한국교육방송공사)
펴낸이	김명중
기획	유규오
편집	김현우, 장효순
감수	이슬예나, 박재영, 염문경, 공민정
제작	조봉교
마케팅	권수영
콘텐츠 제작	이미지메이커즈 (오유리, 노나리, 이미혜)
디자인	mykc
사진	김태정, 서송이, 김아람
인쇄	프린피아

1판 1쇄 발행	2020년 4월 10일
출판신고	2001년 1월 8일 제2017-000193호

10393 경기도 고양시 일산동구 한류월드로 281
한국교육방송공사
Tel. 1588-1580
E-mail. bnl@ebs.co.kr
www.ebs.co.kr

ISBN 978-89-547-5270-1 (03680)

EBS BOOKS

8	7	6	5	4	3	2	1	주 관 식 답 란	2 0 2 0 . .

성명

선택 / 공통 / 필수

문항	1	2	3	4
1	①	②	③	④
2	①	②	③	④
3	①	②	③	④
4	①	②	③	④
5	①	②	③	④
6	①	②	③	④
7	①	②	③	④
8	①	②	③	④
9	①	②	③	④
10	①	②	③	④

초급

문항	1	2	3	4
1	①	②	③	④
2	①	②	③	④
3	①	②	③	④
4	①	②	③	④
5	①	②	③	④
6	①	②	③	④
7	①	②	③	④
8	①	②	③	④
9	①	②	③	④
10	①	②	③	④

중급

문항	1	2	3	4
1	①	②	③	④
2	①	②	③	④
3	①	②	③	④
4	①	②	③	④
5	①	②	③	④
6	①	②	③	④
7	①	②	③	④
8	①	②	③	④
9	①	②	③	④
10	①	②	③	④

고급

문항	1	2	3	4
1	①	②	③	④
2	①	②	③	④
3	①	②	③	④
4	①	②	③	④
5	①	②	③	④
6	①	②	③	④
7	①	②	③	④
8	①	②	③	④
9	①	②	③	④
10	①	②	③	④

심화과정